傅佩榮著

儒道天論發微

余英時題

余序

「天」的觀念在中國起源很早。近代學者或謂甲骨文中僅有「帝」字，而無「天」字，因而主張「天」是周人的宗教，但此說未必足信，因爲也有專家指出，甲骨文中的「大」字即是「天」字。若必謂殷人僅有「帝」的觀念，尚無「天」的觀念，則不免失之過拘。周人則「天」、「帝」兼用，故經典中「不識不知，順帝之則」與「天生蒸民，有物有則」之文往往互見疊出。「帝」有「廷」在天上，且先王先公「賓」於「帝」之左右，此可由今存甲骨文推而知之者。周人代殷人而興，《詩經》中遂有文王「在帝左右」之說。此不過謂周之先王取代殷之先王在「帝廷」之地位而已。殷、周宗教觀念似未見有顯著的變化。最近陝西周原發現武王伐紂以前的周人甲骨文，其中有祭祀殷人先王之記載，益可證殷、周宗教一脈相承。孔子云：「周因於殷禮，所損益可知也」，要可謂信而有徵。

中國古代「天」的觀念發生重大變化當在子產、孔子的時代，其事與「哲學的突破」相隨以來。子產和孔子一方面似乎把「天」推遠了一步，但另一方面則使「天」的觀念和「道」的觀念更緊密地縮合在一起，而賦之以莊嚴的超越性格。孔子以前，唯瞽史為知「天道」，清儒錢大昕謂瞽史所知之「天道」不出吉凶禍福的範圍，其說不為無據。這種「天道」仍帶有濃厚的初民原始宗教的色彩。孔子以後的「天道」始具有超越的意義，成為人間道德價值的最後根源。「夫子之言性與天道不可得而聞」正見孔子對「天道」的虔敬和鄭重。若孔子根本不信有所謂「天道」，則何必空發「天生德於予」、「知我者其天」之歎乎？

孔子以後，各種天論競起，儒、墨、道、名、陰陽諸家都各對「天」的涵義有不同的發揮。我們甚至可說，先秦各家的思想立場大致即透顯於其特有的「天」的觀念之中。近幾十年來，中外學人研究古代「天」的觀念者已不在少數，但迄未獲致共同的理解。此不僅由於研究者所持之哲學觀點各異，實亦新史料之不斷出現有以致之。其最著者如《易經》一書，其八卦已可上溯至周原卜甲、張家坡卜骨以及周初金文、陶文，其釋卦之文今更有馬王堆出土帛書可資參證。故以先秦「天」論之研究言，我們今天實又處於一新的出發階段。

傅君佩榮近數年來在耶魯大學專攻宗教哲學，並就先秦天論一題撰成博士論文。傅君一方面以宗教哲學為解釋之架構，而另一方面則又以歷史文獻之考證為立論之基礎，故能自抒己見而不陷於主觀臆測。所下論斷頗合乎荀子所謂「言之成理，持之有故」的雙重準則。此書即據英文原著改寫而成，尤便於東方讀者之參考。現代學術論文大體皆以「小題大作」為基本原則。本書論述範圍之所以僅限於儒道兩家，而未嘗及於其他諸派者，其故即在於是。且以古代天論而言，儒、道兩家實亦最爲深邃，最爲重要。攻木先堅，而後其易；治學程序，固當如此。傅君因撰述博士論文期間曾和我有所商榷，所以要我爲本書中文本寫一序言。我對於宗教哲學並無發言的資格，當時略能貢獻意見者僅在歷史文獻的方面。傅君的專業訓練本偏向哲學一邊，但他在很短的時間內便掌握了與本文有關的歷史文獻方面的知識。這種勤奮的精神和開放的態度確是難能可貴的。我希望他今後仍能繼續不斷地擴大研究的範圍，對其他各家也分別加以探索，寫成續篇，使讀者得以進窺中國古代天論的全貌。這是爲中國古代哲學史研究重奠新基的工作，是十分值得傅君努力完成的。

一九八五年八月余英時序於美國康州之橋鄉

新版序

我對中國哲學的興趣與關懷，始於一九七二年在台灣大學當碩士生時，有幸連續五年親炙方東美先生而深受啓發。眞正著手認眞研究，則是一九八〇年到美國耶魯大學念書時，選讀余英時先生的課才開始的。方先生以中國哲學的精神與發展「博」我，余先生以歷史文獻的考證與論據「約」我。經過這一博一約，我才敢謹愼地踏入中國哲學的園地，提出我的初步心得。

一般論者多以中國哲學的特質爲人文主義或人本主義，亦即英文所謂的Humanism。這種看法容易引起誤解，譬如以爲中國人的視野只是現實的人間世界，即使道德規範與宗教禮儀也不過是考慮「利用厚生」而已，談不上什麼終極關懷與超越境界。就算勉強肯定了道德主體有其超越依據，也多半以後者爲立說之「假設」而已，不必認眞看待。這種觀點並不符合先秦重要典籍的明白意旨。如果我們承認先秦典籍（如：《詩經》、《書經》、《易經》、《左傳》等）與古典儒家及道家的主要作品，可以代表中國心靈的原型，那麼我們將不難發現：中國哲學的特質並非僅是人文主義，而是開放的人文主義——向著超越界開放。此超越界或名爲帝，或名爲天，或名爲道。不同名稱足以顯示此種人文主義的開放性與創造性。這樣的超越界絕不是個「假設」，反之，它總是伴同一個人的終極關懷——或爲宗教熱忱，或爲道德抉擇，或爲藝術才情——而「呈現」出來。此一呈現隨著古代歷史的演變而展示豐富多彩的面貌。本書之作，即在闡發其中幽微，期使中國古人的心靈世界更形清晰也更爲可敬。

中國古人用以指稱超越界的名稱不只一個，但是最具代表性的顯然是「天」。關於天概念，一般論者多以它具有「自然之天、主宰之天、命運之天、物質之天、義理之天」五種意義，這只是由古書文句抽繹及歸納而成，未能顧及天概念的起源、型塑、演變與發展，更談不上它與各派哲學思想及各個哲學家立論的密切相應關係。因此，本書另由「主宰之天、造生之天、載行之天、啓示之天、審判之天」這五種性格來統攝先秦的天概念。

所謂超越界，所指既不是有形可見、充滿變化的自然界，也不是做爲萬物之靈、五行之秀的人類，而是自然界與人類共同的「來源及歸宿」。我採用上述五種性格來描述天概念，理由有三：一，天同時是自然界與人間世(此爲借用莊子篇名)的「主宰」。二，「造生」與「載行」是針對自然界(包含人的自然生命在內)而言。三，「啓示」與「審判」則特別針對人間世，亦即人類有其應行之道而言。天的這五種性格之遞嬗轉化、輕重組合，可以反映先秦各家思想的特色與要旨。這一點正是理解中國古代哲學的重要關鍵。由此入手，進而探討各家學說的人性論，就不會覺得漫無頭緒了。這也是我繼續努力的方向所在。

本書原以英文寫成，是我在一九八四年自耶魯大學畢業時提交的博士論文。中文本於隔年在台灣學生書局出版，承蒙余先生賜序並題簽，深覺榮幸與感激。如今時隔二十五年，我的基本觀點並未改變，學術界討論類似題材的著作依然有限，因此我請託聯經出版公司發行新版，以就教於先進與同好。

傅佩榮於台大哲學系二〇一〇年五月吉日

目次

導論

周朝以前的宗教觀

本文討論周朝以前的宗教觀，亦即《詩經》《書經》時代以前的中國人對於超越界所持的信念以及對於超越界與人間世的關係之基本看法。由於資料的來源有限與索解困難，這一方面的研究在遇到核心概念時，仍舊停留在臆測的階段，無法得出令人普遍信服的論斷。本文之作，旨在釐清一些似是而非的理論，但是並未進一步提出合理的假設。因爲筆者發現：這一類的假設不管如何合理，終究抵不過地下出土的一片甲骨。然而，在釐清眾說的過程中，筆者的潛在觀念卻扮演了相當積極的角色。這一潛在觀念將另以專文討論[1]。現在我們且分別探討以下四個子題，亦即：商朝宗教之特質、「帝」概念之起源、「帝」之角色與功能、與「天」概念之突起。

一、商朝宗教之特質

今人對於古代中國的認識，自從一八九九年開始的一系列考古發掘以來，已經獲得了長足的進展。這些發掘所獲的大量甲骨文字與其他器物，已經證實爲商朝遺物，並且可以推溯至西元前一三二四年的

1 對於遠古的宗教現象，我們可以提出各種可能的假設來說明。這些假設往往與今人潛在觀念相表裡。筆者曾就「天」「帝」二概念玄思冥想多時，但自覺仍未到發表的時機，因此暫時藏拙，俟諸他日。至於眼前此文，則係筆者研究中國遠古宗教思想的初步結論。原文係以英文寫成，現在自行譯爲中文。有些資料原是中文，現在轉回中文時，卻無法一一對照原文，難免有些出入，只好將來再作修訂。

商朝君王武丁時代[2]。商朝的世系與年曆被學者們推測得相當周全[3]；商朝的文明也逐漸成爲充滿希望的研究領域[4]。

在理解商民族的各方面時，宗教成爲一項重要的題材。《禮記》曾形容商民族具有明顯的宗教色彩[5]，甲骨文「在本質上是宗教的與儀式的物事」[6]。甲骨文的大半內容涉及占卜、祭祀與崇拜。我們可以從這些資料得知彼時王權之尊貴、政治階層之嚴格分畫與軍事力量之強盛[7]。但是其中最突出的事件則是有關宗教儀節的。《左傳》所載「國之大事在祀與戎」[8]可以完全應用於商朝。這裡所說的

2　甲骨文所能確證的最早的商王是武丁，統治時期在西元前一三二四年左右。參看董作賓，《中國上古史年代》，收錄於《董作賓學術論集》（台北：世界書局，一九六二），頁一〇八八。

3　這方面的代表作是董作賓的《殷曆譜》。

4　例如胡厚宣，《甲骨學商史論叢》；陳夢家，《殷墟卜辭綜述》；凱特利（David N. Keightley），《商史資料》(*Sources of Shang History*)（柏克萊：加州大學，一九七八）；與張光直，《商朝文明》(*Shang Civilization*)（紐海芬：耶魯大學，一九八〇）。

5　《禮記》，〈表記〉。

6　張光直，《商朝文明》，頁二〇二。

7　董作賓，《中國古代文化的認識》，收錄於《先秦史研究論集》（台北：《大陸雜誌》，一九六〇），頁二四〇。

8　《左傳・成公十三年》。傅斯年指出，這句話恰好道出甲骨文的內容。參看傅斯年，《性命古訓辨正》，收錄於《傅斯年全集》卷二（台北：聯經，一九八〇），頁三二六。

「祀」，包含祭祀與崇拜兩方面。祀的重要性又遠勝於戎[9]。宗教在商朝文化中的獨特地位由此可見。若想了解這一宗教底性質，首先我們必須辨明商人的宗教意識究竟有些什麼對象。

商民族相信三類神明，就是：帝或上帝，自然神祇與祖先[10]。這三類神明是同時並存的，因此凡是主張神明演化論——亦即，自然神祇演變爲祖先神，再演變爲上帝——的說法都難以得到證實[11]。然而，百年以來許多學者研究古代中國宗教的性質，卻也提出了各種有趣的說法。有些學者相信商朝宗教中的上帝是至高無上的，因此形容它是「一神論」（如理雅各 James Legge）[12]。另有些學者鑑於商人崇拜

---

9 董作賓，《古代文化》，頁二四四。《國語・魯語》亦強調祀的重要：祀者，國之大節；節者，政之所以成也。是以先王愼制祀以爲國典。參看《國語韋氏解》（台北：世界，一九六二），頁一一七。

10 董作賓，《古代文化》，頁二四三；陳夢家，《綜述》，頁六四六。

11 至少我們必須承認任何一種神祇演化論（或是上帝由自然神祇統合而成，或是自然神祇由上帝分化而成）在古代中國都難以找到確定的結論。參看高田眞治，《東洋思潮之研究》（東京：春秋社，一九四四），頁六三。

12 理雅各，《中國之宗教》（*The Religions of China*）（倫敦：一八八〇），頁一〇。五來欣造認爲中國的上帝並不接近猶太教與基督教傳統中的上帝，倒是較爲接近斯多亞學派與萊布尼茲所謂的宇宙君王。參看《儒教政治哲學》，由胡樸安，鄭嘯崖中譯（上海：商務，一九三四），頁三。然而，萊布尼茲對於古代中國宗教的性質卻有他自己的了解；他說：「我發覺這些經典所表現的觀念非常優異，與自然神學相當協調……就它主張不斷更新人心所具的自然律則而言，它是純粹基督教的性格——只是它不曾提及人的本性可以靠啓示與恩寵得到改善。」萊布尼茲，《論中國人的自然神學》（*Discourse on the Natural Theology of the Chinese*）（夏威夷：夏威夷大學，一九七七），頁一〇七。

自然神祇，便形容它是「宇宙崇拜論」（如格魯特 de Groot）[13]，「拜物傾向的泛靈論」（如狄埃樂 Tiele）[14]，或者「多神論」（如蘇西爾 Soothill）[15]。更有些人，尤其是近年以來，體認了祖先崇拜在整個中國宗教史上的中心地位，便強調祖先崇拜是中國宗教的基本取向（如史華慈 B. Schwartz）[16]，是古代中國宗教的核心（如何炳棣）[17]，或者主張以「世代相繼論」來了解商朝宗教的邏輯——這種邏輯主要表現爲一套祖先崇拜的祭禮（如凱特利 D. Keightley）[18]。

由目前看來，強調祖先崇拜的這一派學者占了最大的優勢。甲骨文的出土更加強了這一派學者的信

---

13 格魯特，《宗教在中國》（*Religion in China*）（紐約：帕特南之子，一九一二），頁三。

14 引自理雅各，《中國之宗教》，頁一七。

15 蘇西爾，《中國三大宗教》（*The Three Religions of China*）（倫敦：牛津大學，一九二九），頁一一九。蘇氏正確指出：古代中國人對自然神祇的崇拜，給人一種多神論信仰的印象。近代學者中也有不少人界說中國古代宗教爲多神論。例如，狩野直喜，《中國哲學史》（東京：岩波社，一九五三），頁四一。馮友蘭也指出周朝的宗教信仰是多神論與一神論並存的局面。參看馮氏，《中國哲學史》，頁四七。

16 史華慈，《沈思中國思想的起源》（*Speculations on the Beginnings of Chinese Thought*），參看《早期中國》（*Early China*），期二，一九七六，頁四七。

17 何炳棣，《東方之搖籃》（*The Cradle of the East*）（香港中文大學、芝加哥大學，一九七五），頁三二四。

18 凱特利，《宗教的付託：商朝神學與中國政治文化之初起》（*The Religious Commitment: Shang Theology and the Genesis of Chinese Poitical Culture*），參看《宗教史》（*History of Religions*）卷一七，期三、四，一九七八，頁二一七。

念。在商人的觀念中，祖先是死而不亡的。祖先的靈魂在形體死後仍然保持生前所具有的同樣的地位、權威、感受與享樂欲望。不僅如此，他們在形體死後還獲得一種神秘的能力，可以福祐或詛咒後代子孫[19]。換句話說，「一個家族與它所有的祖先共同組成一個社會，超越了死生之隔離與分際。」[20]事實上，商人「事死如事生」[21]並且以祭祀來表達他們的信仰。這一類的信仰及其表達方式直到今天仍舊對中國人深有影響[22]。根據有限的甲骨文資料，商人在一年中舉行十八種不同的祭祀；這些祭祀在一年之中占了一百一十天[23]。

因此，學者們自然會想透過祖先崇拜來了解商人的心靈。這種了解放在政治的背景來看，更容易讓人接受。商人的政治是一種「神權政治，凡與國家有關的事，同樣是，甚至本來就是，與宗教有關的。」[24]商人心靈兼具政治與宗教雙重性格，已經成爲普遍認定的歷史事實了。然而，這一事實的基礎究竟是什麼？對於這個問題的答案，學者們仍有爭議。一方面，凱特利在一篇研究商人神學的論文中指出，「商

---

19 董作賓，《古代文化》，頁二四三。

20 史華慈，頁四七。

21 《中庸》十九章，「事死如事生，事亡如事存」。《禮記．祭義》亦有類似語句。

22 在某一程度上，我們可以說：家庭爲中國人扮演了宗教的角色。參看錢穆，《中國人之宗教社會及人生觀》（台北：自由中國，一九四九），頁二四—二五。

23 董作賓，《古代文化》，頁二四四。

24 凱特利，《商史資料》，頁一三五。

人統治的合法基礎，在於他們對祖先的大能，亦即國家的核心價值，有一種深刻的信念。」[25]另一方面，史華慈認爲，商王權力的合法基礎在於他們「對上帝及其能力之信仰。」[26]以上這兩派意見究竟孰是孰非，是很難當下論斷的，因爲在商人的政治與宗教上，帝與祖先同樣都扮演關鍵的角色。凱特利自己也承認：

商人相信：帝，至高的神，賜人豐富的收成、助人贏得戰爭；君王的祖先能夠向帝進言；君王本人能夠與這些祖先溝通。[27]

因此，縱使商朝王權的合法性直接來自祖先，帝仍然被推尊爲一切權柄的終極來源。基於上述了解，我們相信商朝宗教之特質可以透過對「帝」概念之研究而得到進一步的闡明。

25　凱特利，《商朝神學》，頁二一四。

26　史華慈，頁四八。史華慈與凱特利二人的意見並非積不相容，因爲史氏接著也說：「祖先崇拜與自然神信仰共同爲商王權柄之合法性提供一有力的基礎。」（頁四八）但是關鍵問題仍然存在：商朝的政治王權究竟以這兩類神祇（上帝，與自然神及祖先）中的那一類做爲終極根據？

27　凱特利，《商朝神學》，頁二一二。

二、「帝」概念之起源

今人解釋「帝」之起源，最流行的說法是以帝爲由商的氏族神演化而成[28]。何炳棣曾摘述這一理論的要旨：

> 商的氏族傳說中的男性祖先，是嚳或帝嚳，詩歌中逕稱他爲天或帝。女性祖先而有血源可循的則是簡狄。……嚳遣令玄鳥降於簡狄，使簡狄懷孕而生育商族。因此嚳同時成爲商族的氏族神與上帝。[29]

即使上述這個傳說描述商族的起源，我們最多只能推知：嚳是商的氏族神，以及「玄鳥」代表商族的圖騰動物[30]。把嚳當做天或帝，亦即把商的氏族神當做上帝，並且以這種等同關係做爲上述論證的前提與

---

28 郭沫若，《先秦天道觀之進展》（上海：商務，一九三六），頁一一——一六。

29 何炳棣，頁三一八。

30 譬如，印順認爲商民族屬於神鳥族系中的一支；他的重要根據之一即是《山海經》裡的這一神話。參看印順，《中國古代民族神話與文化之研究》（台北：華岡，一九七五），頁九三。

結論，正是犯了循環論證之誤，而且還混淆了歷史敘事與傳說故事。中國古代典籍中的傳說故事是不能一視同仁的；譬如《山海經》裡的故事，就不像《書經》、《論語》、《史記》等書裡的故事（這裡所說的故事，包括堯、舜等未經史料充分證實的人物史蹟）那樣具備某種程度的歷史價值。在《山海經》以外的這些典籍中，我們發現舜（他在前述理論中被視爲嚳或俊）不僅是一位眞實的人，而且還與天或帝保持某種明確的關係。譬如，堯任命舜代行政事時，舜所作的第一件事就是祭祀上帝[31]；而且，堯曾經「薦舜於天」，舜也曾經「薦禹於天」，要讓天來判斷新任的君王人選是否合格[32]。因此，追溯商的氏族祖先（或氏族神）於舜，是一件事；但是把舜當做上帝，卻顯然是另一件事。上帝的存在，在中國歷史的最初幾頁已經是一項備受尊崇的事實了。

不僅如此，上述理論（亦即以帝爲由商的氏族神演化而成）的主要根據正是《山海經》裡的神話。譬如，何炳棣繼郭沫若之後，主張：「俊（亦即嚳，舜）同時兼具氏族神與上帝雙重角色，可以由《山海經》得到最佳證明；《山海經》曾敘述俊之妻生育了十個日與十二個月。」[33]根據馬伯樂（H. Maspero）的分析，這一節神話以及其他六個傳說爲我們保存了古代中國人初步的天文學觀念，而並未涉及他們

31 《書經．舜典》（《十三經注疏》，《尚書》部分，頁三五）。

32 《史記．五帝本紀》。

33 何炳棣，頁三二〇。

的宗教信仰[34]。此外，這一類傳說以上帝爲一擁有眾多女伴的男性，並且上帝的眾妻之一還與人類之間有生育關係。馬伯樂指出：這種神性夫妻的觀念，縱使是指天神與地祇，「完全與古代中國的神話學無關。」[35]事實上，以天爲父、以地爲母之類的對應觀念是後來《易傳》中發展的思想。大體上，我們贊同「在中國的主要傳統上，涉及擬人化的神祇之完備的與嚴格的神話學從未眞正得到施展。」[36]

與這派理論相關的說法中，還有一點值得注意。王國維相信宗教是社會制度與政治體系中的一種反映；既然夏商二代時君臣的從屬關係尚未確定，直到周代才建立統一的王朝；因此，帝(或天)要到周初才被提升爲至上神[37]。換句話說，假使帝對商人而言尚未達到全能上帝的地位，那麼我們便應該把帝當做商的氏族神看待。這種說法是站不住腳的，因爲：一、我們固然未能確定夏朝是否統一的王朝，但是商朝則極可能是統一的王朝[38]。二、周朝在取代商朝的王權以前，曾向商朝的祖先祭祀[39]。周人克商之

---

34 馬伯樂，《書經語的神話》，馮沅君中譯(北平：商務，一九三九)，頁四。

35 馬伯樂，《古代中國》(*China in Antiquity*)(麻州：麻州大學，一九七八)，頁九五。

36 史華慈，頁四八。

37 王國維，《觀堂集林》(台北：世界，一九六一)，卷一，頁四六六—六七。

38 董作賓，《古代文化》，頁二四〇—四一；張光直，《早期中國文明》(*Early Chinese Civilization*)(坎貝理志：哈佛大學，一九七六)，頁一八九。張氏說：「商朝是一個王朝，是家族相傳的政治勢力。其起源雖是地區性的幾個小團體，但卻統轄廣大的疆域與眾多的集團。」

39 陝西周原考古隊，〈陝西岐山鳳雛村發現周初甲骨文〉，《文物》，一九七九，期十，頁三九起。

後所信奉的至上神亦名爲帝，與商人所信奉者無異[40]。三、商人之帝所扮演的角色，無異於周人之天所扮演的角色；並且天與帝在周朝是長期可以互相代換的概念。這一點我們稍後還會談到。

根據甲骨文所提供的資料，我們可以對這派理論提出決定性的批駁。第一，甲骨文中沒有任何跡象顯示帝是商人的氏族神[41]；我們也看不出帝與王朝家族有任何生理血緣的關係[42]。第二，甲骨文中述及祖先或自然神祇時，方式完全不同。因爲帝被當做全能的至上神[43]。第三、甲骨文中甚至指出：帝能夠命令敵族侵犯商朝以示懲罰[44]。這表示帝並非僅僅是商人的主宰[45]。第四，甲骨文中所流露之對帝的情感，極其相似《書經》中的記載——夏、商、周三代的人在《書經》中對帝所持的態度並無明顯的差異。

40　郭沫若，《兩周金文辭大系圖錄》（科學，一九五八），〈大豐𣪘〉，頁一。

41　有一說認爲：根據甲骨文，在商王以「帝」號推尊祖先之前的一段時期，「帝」已經受享祭祀並接納祈禱了。參看伊藤道治，《論卜辭所見之祖靈觀念》，京都：《東方學報》，期二六，一九五六，頁一六—二六。此說亦反對以帝爲商人祖先神的假設。

42　陳夢家，《綜述》，頁五八二，六四六。

43　胡厚宣，〈殷卜辭中的上帝和王帝〉，《歷史研究》，一九五九，期九，頁二五。

44　同上，頁三七。

45　凱特利提出一套完全不同的解釋。他說，「上帝之所以可能支持敵族入侵商朝，正是由於這種非人格性。」參看《商朝神學》，頁二二〇。然而，我們要問：假使上帝是非人格的，那麼祂憑什麼號令這一類行動？更根本的問題是：上帝如何判斷商朝之善惡？因此，較爲合理的推論是：帝不是商朝的氏族神，也不是由商王祖先演化而成。也就是說：帝不僅僅是商民族的主宰。

現在，問題是：假使帝並非由商的氏族神演化而成，那麼它的起源是什麼？許多學者從字源學的角度嘗試回答這個問題，但是他們的嘗試終究無法得到完全的證成。譬如，有些學者主張，帝的字形係由花蔕的形狀演化而成[46]，因此代表生殖崇拜之一例[47]。另有些學者主張，帝的字形係取象於「積薪架材」[48]，亦即帝字原指一種祭祀「帝」的儀式而言[49]。還有些學者以為帝的字形指稱「締」，有結合萬物的含義[50]。這些解釋雖然各有理趣，但是終究無法超出假設的層次。

我們必須承認：目前所有的資料還不足以讓我們論斷「帝」概念的起源。然而，甲骨文對於帝的角色與功能卻不乏可靠的敘述，值得我們參考。

---

46 主張此說者有吳大澂、王國維、郭沫若等人。參看李孝定，《甲骨文字集釋》（台北：中央研究院，一九六五），卷一，頁二五—二六。有些日本學者亦附從此說，如上野直明，《中國古代思想史論》（東京，一九八〇），頁三三—三九；小島佑馬，《古代中國研究》（東京，一九六八），頁一一。

47 郭沫若，《釋祖妣》，頁一八—一九，引於李孝定，頁二六—二七。後來郭氏本人亦察覺此說之不妥，參看《天道觀》，頁一七。

48 主張此說者有葉玉森、明義士（J. M. Menzies）、黎正甫等人。參看李孝定，頁二七—二八；黎正甫，〈古文字上之天帝象義溯源〉，《大陸雜誌》，卷三一，期二（一九六五），頁一三。附從此說的日本學者有貝塚茂樹與伊藤道治（合著），《中國的歷史》（東京，一九七四），卷一，頁一一九；加藤常賢，《中國古代之宗教與思想》（京都，一九五〇），頁一五；高田眞治，《支那思想之研究》（東京，一九四二），頁三六。

49 李孝定，頁二七。

50 《學研漢和大字典》（東京，一九七八），頁四〇六。

三、「帝」之角色與功能

如上所述，商人所相信的三類神明是帝或上帝、自然神祇與祖先。帝之角色與功能在甲骨文中屢次談到，但是學者們的理解並非毫無歧義。關鍵問題之一是，帝究竟算不算人格神？譬如，胡厚宣認爲：從豐富的甲骨文資料看來，武丁時代的商民族相信一位「統一的神」，居於高天之上，並主宰自然界與人事界的命運。商民族相信天上有一位至上神，具有人格與意志，其名爲帝或上帝[51]。

但是相對於此，陳夢家則認爲：商民族的上帝只是一位自然界的主宰，並未具備人格的特質[52]。陳夢家所謂的「自然界的主宰」，係指左右自然現象之農業神而言。至於他所說的「人格的特質」，則指祖先神化之後再加賦於上帝之人性的色彩。透過祖先崇拜的擴展，上帝才轉化爲人格神[53]。既然甲骨文中所載的上帝，並未達到商民族的最初始祖的地位，祂還不能算是一位人格神[54]。

這裡我們所面臨的似乎是定義問題：究竟什麼是人格神？假使「人格神」是指同時主宰自然界與人

51 胡厚宣，《上帝和王帝》，頁二四——二五。
52 陳夢家，《綜述》，頁六四六。
53 同上，頁五六一。
54 同上，頁五八二。

間世的神明而言（上述胡陳二氏似乎都可以接受這個界說），那麼上帝顯然是一位人格神。上帝所統轄的範圍包括：一、風、雲、雷、雨；二、農耕與收成；三、城市建築；四、戰爭；五、人間世的休咎[55]。這是胡厚宣的觀察所得。陳夢家的看法亦大致相似，上帝管轄：一、農耕與收成；二、戰爭；三、城市建築；與四、君王之作爲[56]。

至於上帝與祖先之差別待遇，胡陳二氏都指出：沒有任何祭祀獻於上帝，沒有任何禱詞陳於上帝，但是唯有上帝能夠主宰旱與雨，以及農耕與收成[57]。由於上帝不接受任何祭祀與禱詞，祖先乃成爲上帝與人之間的中介；祖先崇拜也因此成爲首要的宗教儀節。上帝是否具有人格並不十分重要，因爲祖先可以扮演上帝與人之間的連繫角色；更重要的是，祖先不僅具有人格，而且還是可以預知其好惡的。祖先似乎局限於「祭以祈福」（do ut des，亦即子孫爲了受福而獻祭）的合約；凱特利說明這種合約如下：

> 祖先總是祖先，不論他們在世代上的階級高低，他們仍是王族的成員，因此對於下界子孫的獻品總會有所回報；一方面固然由於這些獻品可以算是賄賂，更主要的大概是因爲這些獻品來自

---

55 胡厚宣，《上帝和王帝》，頁二四—二五。

56 陳夢家，《綜述》，頁五七一。

57 陳夢家，《綜述》，頁五八〇；胡厚宣，《上帝和王帝》，頁一〇四。

他們的子孫。58

循此觀之，我們應如何了解上帝的角色以及這一角色與人類的關係呢？上帝顯然與祖先不同，因爲祂不受「祭以祈福」的合約所局限59。關於上帝的這一性格，可以有兩種解釋：一是上帝過於超越，遠非人世所能訴求60；二是上帝根本不具人格，對人世毫無眞實感可言61。

不論那一種解釋比較合理，我們都必須回答下述問題：上帝如何能夠運作前面提到的那些重大影響？歷代商王在占卜時又爲何必須屢次提及上帝之名？有人主張上帝「或可被視爲商王的遠祖之總合體或抽象體。」62這個意見值得參考，但並未擺脫玄思的色彩。至少它無法解釋爲何周民族在《書經》、《詩經》中曾推尊上帝爲至上的人格神。究竟是什麼原因使商朝的這個非人格神轉爲周朝的人格神？主張上帝不曾受人祭祀，是一件事63；但是主張上帝爲一抽象體，則顯然是另一件事。張光直主張上帝爲

58 凱特利，《商朝神學》，頁二一九。
59 同上。
60 胡厚宣，《上帝和王帝》，頁一〇九。
61 張光直清楚闡明此說。他寫道：「上帝並未占有特定的位置，不曾接受祭祀；祂與子族傳說中的早期祖先之關係並未明確界定……我猜測上帝概念是一抽象觀念，祖先神才代表實體存在。」參看《早期中國文明》，頁一九〇。
62 同上，頁一五七。
63 前面曾經提到，胡厚宣、陳夢家與張光直都主張甲骨文中未見上帝接受祭祀。反對此說者亦大有人在，如島邦

「抽象體」，但是他也承認：

> 上帝在商人心目中是至高的存有，對人間世擁有終極的權柄——像農業的收成與戰爭的成敗，城市的建築與人王的福祉。上帝也是饑饉、洪水、疾病與種種災禍之終極原因。上帝自有一個朝廷，容納許多自然界的神靈，如日、月、風、雨。[64]

這樣的上帝概念實在遠非抽象的或非人格的；它不僅是商人熟知的上帝，也與周人熟知的天一般無異。

周人爲何逐漸以天代帝來稱呼至上神呢？這個複雜的問題與當時的政治及宗教環境大有關聯，不是可以輕易作答的。此中原因之一，或許是商王僭用「帝」名來推尊祖先所致。在位的商王相信先王是神靈世界的統治者[65]。先王之靈高居天上，在上帝左右，擁有福祐下界子孫的權柄[66]。於是子孫自然向先

（續）

男，《殷墟卜辭研究》（台北：鼎文，一九五七），頁一九六—二〇四；伊藤道治，《祖靈觀念》，頁一六—三一；張秉權，〈殷代的祭祀與巫術〉，《歷史語言研究所集刊》，卷四九，期三，一九七八，頁四四七。

64 張光直，《早期中國文明》，頁一五六。

65 《書經．盤庚中》（《十三經注疏》，《尚書》部分，頁一三二）。

66 甲骨文中所見之祖先崇拜與商朝王室家族結構的變化有密切關係。因此內祭（祖先）與外祭（自然神祇）成爲互相對應的宗教活動。亦即，向祖先祈求時，往往需要自然神祇（如祈雨、祈年）的配合。參看伊藤道治，《殷以前之家族組織與宗教》，京都：《東方學報》，期三二，一九六二，頁二五〇。

王之靈祈求所需的一切物事[67]。久而久之，先王原有的權柄加上他們從上帝分享得來的權柄就越來越顯著了；最後竟連先王也被尊以「帝」的榮銜[68]。然而，帝名的僭用產生了極其嚴重的後果[69]。只要商王的直系後裔登基爲王，那麼無論他們生前是如何有德或如何敗德，統統可以榮膺「帝」的尊號。這一史實必與周人以天代帝有關，因爲周人的「天」概念重新強調並極其重視君王在道德上的無上要求。

四、「天」概念之突起

關於「天」概念之起源，目前學術界有兩派針鋒相對的理論。一派主張天是由周的氏族神演化而

67　甲骨文中的祭祀共分五期，其中「遘」字出現於第二期。這個字說明了祖先之靈降臨享受祭品，並與主祭者相遇。參看于省吾，《甲骨文字釋林》（一九七九），頁一七九。這段說明，配合註68來看的話，更顯得意義重大。因爲註68指出：第一期祭祀主要以上帝爲對象，而未及祖先。因此第一期祭祀中未見「遘」字，表示上帝超越「祭以祈福」的合約範圍，保持客觀的公正立場。

68　參看胡厚宣，《上帝和王帝》，頁八九。伊藤道治對於甲骨文中自武丁以來的五期祭祀作了深入研究，發現以下四點：一、第一期的祭祀主要獻於至上神上帝；二、第二期開始，祖先也稱爲帝，地位越來越重要；三、第三期對先王的祭祀非常頻繁；四、到了第五期，祭祀祖先帝的周期得以確定。參看伊藤，《祖靈觀念》，頁一六—三一。

69　白川靜提出類似的看法。他說：「商朝末期諸王僭用至上神的稱號『帝』來榮顯他們的先王。當他們這樣做時，他們自認爲與神界王朝的最高權威發生密切的關聯；這種想法與作法終於將他們導入毀滅之途。」參看白川靜，《金文之世界》（東京，一九七三），頁三九。

成，另一派則反對此說，並主張天在周朝立國之前早已存在。第一派理論的著名代表是顧理雅（H. G. Creel）。顧氏在〈釋天〉一文中提出以下論證：第一，在商朝的記錄中，亦即甲骨文裡，不曾出現天神之觀念，甚至天字亦付缺如。換句話說，商人不曾以天指稱上帝[70]。甲骨文裡雖然有二十六處字形接近天字，但是顧理雅認爲沒有一處明確指稱天神[71]。他根據王國維的論斷，主張以天爲至上神之信念係出現於商周之際。[72]

第二，在某些代表周人思想的古代典籍中，天的地位遠較帝爲超特。這些典籍包括金文（亦即青銅器銘文）、《詩經》與《書經》。顧理雅認爲，西周金文中以天爲上帝的用法共出現十七次，以帝爲上帝的用法則只出現四次。《詩經》中以天爲上帝的用法出現了一一八次，帝只出現四十三次。至於《書經》，顧氏則統計周初的十二篇文獻，其中天字凡一一六見，帝字凡二十五見[73]。顧氏主張，這種重天

---

70 顧理雅，〈釋天〉，《燕京學報》，期一八，一九五三，頁六〇。此文修訂並英譯，名爲〈天神之源起〉（"The Origin of the Deity T'ien"），收於顧氏《中國政治策略之源起》（*The Origins of Statecraft in China*）（芝加哥大學，一九七〇）一書之附錄，頁四九三—五〇六。然而，修訂版除了重新計算天與帝二字在古籍中出現的次數以外，並沒有太大的增補。

71 顧理雅，《釋天》，頁六一。這裡引用的數目（二十六次）係根據修訂版，見《天神之源起》頁四九六。

72 顧理雅，《釋天》，頁六二。

73 以上數目統計係根據《天神之源起》，頁四九四—九五。舊版與新版二文中統計數目的差異卻頗有意味。顧氏在一九三五年的舊文中只取《書經》中的七篇爲周初作品；在一九七〇年的新文中則取十二篇爲周初之作。這表示

輕帝的轉變可以理解爲：帝原是商的氏族神，天原是周的氏族神。

第三，周人代商而起，帝概念與天概念得以對照比較，然後發現兩者所代表的是同一神祇。至於天字的構成及其含義，顧氏主張：一、天字所含的「大」字，原指人的偉大而言；二、天原指神祇所居的上界，後來亦用以指稱這些神祇；三、周人祖先所轉化的神祇皆可統合於「天」之名下；四、天成爲共稱之名，喪失了帝所具備的人格性，成爲一個非人格的神祇[74]。

顧理雅的理論雖然引證頗詳，但是漏洞仍然不少。傅斯年、杜而未與何炳棣都曾分別提出批駁[75]。我們首先參考何炳棣的意見。第一，何氏於甲骨文中未見天概念一事，提出說明：

> 商人甲骨文中未見以「天」爲神的概念，是因爲帝早已是尊榮的神名，加以晚商諸王曾統一規定諸神的名號，禁止在占卜中使用諸神的別名。[76]

（續）

學術界逐漸肯定更多的古代典籍具備歷史眞實性。

74 顧理雅，《釋天》，頁六八；《天神之源起》，頁五〇三—五。這裡必須指出：天發展到後來確曾變成非人格的神，但這種變化的理由並非顧氏所謂：天成爲共稱之名，因此喪失了帝所享有的人格特質。有關這個問題的詳細討論，將在稍後「天概念之式微」一節中再研究。

75 傅斯年，頁二七七—七八；杜而未，《中國古代宗教研究》（台北：學生，一九七六），頁一一—一九；何炳棣，頁三二九—三三。

76 何炳棣，頁三二九。

這一說明可以得到董作賓的支持；董氏主張甲骨文屬於一種特殊的占卜文字。在這種文字中統一規定諸神的名號，似乎是自然的與必要的。因此，甲骨文中未見以天爲上帝之觀念，並不表示商人沒有這一觀念[77]。

其次，何氏指出，商朝先王早已熟知以天爲上帝之觀念。他說：

> 假使如顧理雅所云，天完全是周人之神，與商人毫無關係，那麼周公的天命理論就只能進一步激起商人的敵意，而無法安撫商人的降志。[78]

以上這兩點批駁都相當有力。但是何氏止於肯定天是帝的別稱，未能進而深探天之起源。

要批駁顧理雅的第三點論證，我們可以參考杜而未的說法。首先，天的偉大遠非人的偉大可以比擬。我們不曾聽說任何君王被稱爲天；相反的，君王不許僭用天的稱號則有明確的訓示[79]。事實上，聖

77 顧氏主張商朝未見以天爲神：他的主要根據是把天當做「大」字的變形。參看《天神之源起》，頁四九七。白川靜則主張商人以天與帝爲同義字，因爲他們的都邑稱爲「天邑商」。即使「天子」之稱，亦曾出現於商朝青銅器「大保𣪘」上。參看白川靜，《金文之世界》，頁四三。

78 何炳棣，頁三二九。

79 杜而未，頁二。

王之偉大係由於法天而成;但是聖王與天仍有距離:「聖德無大於天」,「人主不可同天之體」[80]。天做爲至上神之偉大,並不指涉人的偉大。其次,天不是周人祖先演化而成的,杜而未指出:

天爲周人的至上神之名。假使天由祖先演化而成,那麼應該指的是周人的祖先。但是周人的重要祖先,像文王、武王、王季、公劉,都不是天。即使周人最早的祖先后稷也不是天,因爲他在傳說中是有父母的。這些偉大的先王都不是天,難道他們合在一起就可以變成天嗎?[81]

更重要的一項史實是:周王雖然享有「天子」的稱號,但是天卻絕不保證周王家族永遠保持王權。「皇天無親,唯德是輔。」[82]這一類的說法(類似的觀念在周朝典籍中屢見不鮮)將顯得難以索解,假如天原是周人的祖先[83]。

天若不是由周人的氏族祖先(或氏族神)演化而成,那麼它的起源又是什麼?基於字源學的研究,有

80 孔穎達,《尚書正義》(《十三經注疏》,《尚書》部分,頁一八)。
81 杜而未,頁四。
82 《書經·蔡仲之命》(《十三經注疏》,《尚書》部分,頁二五四)。
83 杜而未也指出:天之行動方式及其偏好傾向,完全與祖先及其他神祇不同。參看杜氏,頁四—五。

些學者主張天的字形源自甲骨文中帝字的一個變體[84]；另有些學者主張天字由一與大組成[85]。這一類研究畢竟還是找不到定論的。至少它們無法合理溝通天這個字與周朝宗教中的天這位神之間的關係。

以上對天、帝概念的討論，主要是摘述近人在這方面的研究成績。由於甲骨文的材料有限、形式特殊（亦即占卜文字）與索解困難，我們對天、帝起源的討論仍無法超出假設的範圍。我們的初步了解是：一、以帝爲由商的氏族神演化而成，及以天爲由周的氏族神演化而成，這兩種理論都是站不住腳的；二、帝是商人的至高主宰，而且在周朝以前帝與天並未正式成爲互換等同的概念。周朝文獻才明確顯示帝與天之互換等同性，並且天的出現逐漸取代了帝。隨著周朝的興起與衰亡，天概念也歷經各種變化。爲了闡明這些變化，我們將繼續討論周朝文獻，亦即《詩經》與《書經》，然後接上原始儒家的主要典籍，與原始道家。

84 島邦男，頁二一五——一六。

85 參看許慎、段玉裁，《說文解字注》（台北：藝文，一九六四），頁一。

第一部

《詩經》《書經》中的天帝觀

引言

根據周初文獻的記載，殷商王朝的先人既有冊書也有典籍[1]。這些冊書與典籍到了春秋時代孔子前後，已經難得一見了；因爲孔子曾經抱怨在研究殷禮方面，「文獻不足」[2]。近年挖掘出土的甲骨文很可能就是殷人冊書的一部分，增加了我們了解殷商文明的機會[3]。只是這些甲骨資料屬於特殊的占卜文

1 《書經．多士》，頁二三八。關於《書經》版本，參看《十三經注疏》（台北：藝文印書館，一九六五年影印版）第一卷《尚書》部分。本文所據原典爲：「惟殷先人有冊有典。」以下引用詩經版本亦同此。

2 《論語》三：九。（係指第三章〈八佾〉的第九節）原文如下：「夏禮，吾能言之，杞不足徵也。殷禮，吾能言之，宋不足徵也。文獻不足故也。足，則吾能徵之矣。」

3 張光直，《商朝文明》，頁二〇一。（凡在導論〈周朝以前的宗教觀〉一文中引述之資料，將不再重覆其出版時地。）

字，而且殘缺不全，因此對於許多重要的概念，如天與帝，至今尚無確鑿的證據可以溯其原委。這一點筆者在本書導論〈周朝以前的宗教觀〉曾約略談到。因此，爲了探討中國古代的天概念，我們必須求助於周朝文獻，其中又以《書經》與《詩經》最爲重要[4]。

《書經》中值得信賴的章節，主要是周朝王室的文獻；這些文獻告訴我們：周朝的建立如何與天的旨意密切攸關，以及天命如何運作於古代中國。《詩經》包含多種性質的詩篇，其中對本文而言最具意義的是有關祭祀的詩，因爲這些詩篇描寫了數代王朝的起源，它們的宗教態度以及天命概念的含意。

然而，這兩部經典的內容所涵蓋的時代過於悠久，約六至七個世紀。亦即，其中的早期作品可以上溯西周初年(西元前一一二二年)，晚期作品則述及春秋時代(西元前七二二—四八一年)的事件。本文將限於討論較爲早期的作品。就這些早期作品而言，有許多是內容甚古而編訂年代較晚的。本文主要依據那些春秋時代以前所編訂的作品。經過上述的雙重限制，本文希望能夠對於周朝的天帝觀念理出較爲清楚的頭緒。

在正式討論這兩部經典的內容以前，我們對於其中各章的編訂年代應稍作說明。就《詩經》而言，學者們大致同意以下分期：一、〈周頌〉屬於西周(西元前一一二二—七七〇年)初期；二、〈大雅〉、

4　這幾乎是學術界的共同看法。例如，錢穆，《讀詩經》，收於《中國學術思想史論叢》卷一(台北：東大，一九七六)，頁九九。

〈小雅〉屬於西周中期與晚期；三、〈魯頌〉、〈商頌〉完成於東周（西元前七七〇—二五六年）初期；四、〈國風〉各部分亦完成於東周初期[5]。大體說來，《詩經》在孔子（西元前五五一—四七九年）以前已經存在；傳統上還以《詩經》的現存形式爲孔子手訂，並以之傳授生徒[6]。因此，本文引用《詩經》之處，不難避免由時代錯置所生的混淆。

《書經》的情形就遠比《詩經》爲複雜。專家學者對於《書經》年代的意見頗爲紛歧。大體上，我們可以採用下述看法：一、《書經》今文二十八篇在秦朝（西元前二二一—二〇六年）建立之前已經編成；二、這二十八篇「今文」之中，只有十二篇可以代表西周初期的思想，亦即：〈大誥〉、〈康誥〉、〈酒誥〉、〈梓材〉、〈召誥〉、〈洛誥〉、〈多士〉、〈無逸〉、〈君奭〉、〈多方〉、〈立政〉、〈顧命〉[7]；本文亦以上述十二篇爲西周初期之作，並據爲多數論證之基礎。三、西周結束以前，《周書》如〈金滕〉、〈費誓〉、〈呂刑〉、〈文侯之命〉、〈泰誓〉，《商書》如〈高宗肜日〉、〈西伯

5 參看屈萬里，《詩經釋義》（台北：中華文化出版事業委員會，一九六〇），頁一—一〇；孫作雲，〈詩經年代〉，《文史哲》一九五七，期八，頁八；白川靜，《詩經研究》，杜正勝中譯（台北：幼獅，一九七四），頁一—五。〈大雅〉與〈小雅〉的年代仍可爭議，本文依據朱東潤的論證，見《詩三百篇探故》（古籍，一九八一），頁四七—七一。

6 關於《詩經》成書年代的歷史背景，參看朱東潤，頁一三一—一三九。

7 參看屈萬里，《尚書釋義》（台北：中華文化，一九五六），頁三；陳夢家，《尚書通論》（上海：商務，一九五七），頁一一二；張西堂，《尚書引論》（陝西，一九五八），頁二〇三。

戡黎〉、〈微子〉，皆已出現[8]。四、〈盤庚〉爲商朝重要史料，編訂年代極可能在西周，因此同時表現商與周之觀念[9]。五、〈洪範〉，與〈皐陶謨〉、〈康誥〉、〈泰誓〉諸篇，曾被《左傳》引述達二十二次，而《左傳》載春秋之事，並成書於春秋時代之後不久[10]。但是，〈洪範〉的年代仍有爭議，我們稍後再談這個問題。六、今文二十八篇並不代表全部《書經》原貌，因此「逸書」的史料價值亦不可忽視[11]。

根據上述簡單的基本認識，我們將試圖勾畫《詩經》與《書經》中的天帝觀念。

8 同上三書。

9 張西堂，頁二〇三；屈萬里，《尚書釋義》，頁三。

10 陳夢家，《尚書通論》，頁一八；朱東潤，頁一三七。

11 屈萬里，《尚書釋義》，〈凡例〉頁一。

第一章 「天」與「帝」的共同意義

由周初文獻《詩經》、《書經》看來，天與帝可以互換使用，因此亦具有共同的含意。天、帝混用的事實可能出自政治上的考慮；亦即，設法勸服商朝遺民：天與帝都代表同一位至高主宰，並且周朝建國係由這一位「統治者」(Dominator)所認准。但是，縱使在商周之際，天的地位也比帝更爲突出。我們將漸次指出：天扮演了「啓示者」(Revealer)與「審判者」(Judge)的角色；這兩種角色原是甲骨文中的帝所扮演的。同時，天還展現了「造生者」(Creator)與「載行者」(Sustainer)的功能。這五種名稱，亦即統治者、啓示者、審判者、造生者與載行者，在稍加說明與限制之後，非常適於用來表達天的不同側面。我們將在不同地方分別指出這些名稱的各自限制。譬如，我們以天爲造生者時，將說明它與猶太—基督教傳統中「自虛無中創造萬物」的造物者大不相同。爲了討論方便起見，我們僅僅稱「天」而不稱「天或帝」，同時切記於心：天與帝在周朝具有共同的意義。

一、啓示之天

根據甲骨文的占卜記錄所見，商民族相信帝的首要性格是「啓示者」。這個性格亦見於周朝文獻中的天概念。至於啓示所循的途徑，周民族亦以占卜爲重要方法。試看下述引句：

(一)寧王（指文王）遺我大寶龜，紹天明。（書：大誥，頁一九〇）

(二)我有大事休，朕卜並吉。（書：大誥，頁一九一）

(三)予惟小子不敢替上帝命，天休于寧王興我小邦周，寧王惟卜用，克綏受茲命。今天其相民，矧亦惟卜用。（書：大誥，頁一九二）

(四)天命不僭，卜陳惟若茲。（書：大誥，頁一九四）

由上述引文，可知周民族仍以「龜」爲占卜神意的工具。占卜的目的是想測知「吉凶」[1]。其內容則包

1 〈西伯戡黎〉曾載：「祖伊恐，奔告于王（紂王）曰，天子，天既訖我殷命，格人元龜，罔敢知吉」（頁一四四）。在此，「格人元龜」系指天將元龜借與周民族，使我們（殷民族）無由得辨吉凶。參看屈萬里，《尚書釋義》，頁五四。

括國家之興亡與天命之承替。周朝政體建立於神權(或天權，因以天爲神。爲便於了解，仍用神權 Theocracy)的基礎上；這是少有疑問的事。因此，國家的重要措施，像尋找新的國址、有事於四方等，都可以由占卜決定[2]。天的意旨顯示於人間，因此天是全能的主宰。然而，由於龜甲占卜之舉容易受到占卜者的主觀願望所影響[3]，爲了肯定天的主動角色，還需要更多證據。試看下述引句：

(五) 皇矣上帝，臨下有赫。監觀四方，求民之莫。(詩：大雅，頁五六七)

(六) 天監在下，有命既集。(詩：大雅，頁五四一)

(七) 昊天曰明，及爾出王；昊天曰旦，及爾游衍。(詩：大雅，頁六三六)

(八) 維此王季，帝度其心。(詩：大雅，頁五七〇)

(九) 在昔上帝割申勸寧王之德，其集大命于厥躬。(書：君奭，頁二四七)[4]

由上述引文(五)至(九)，可見天是主動的統治者，隨時監觀下界，求一合格的人代行天命。天是明智與清

2 參看《書經・洛誥》，頁二二五，曾詳記周公卜國址之事；又《書經・君奭》，頁二四六：「故一人有事于四方，若卜筮，罔不是孚。」

3 例如，〈大禹謨〉就說：「惟先蔽志昆命于元龜，朕志先定」(頁五七)，表示「志定然後卜」。

4 「割申勸」三字不易解；茲據屈萬里之說，釋爲「一再觀察」。見《尚書釋義》，頁一一三。

醒的[5]，曾經度量王季的心。天本身也應該是「有心的」，才能一再觀察文王之德。《書經》中編訂年代較晚的〈湯誥〉曾明言天帝之有心[6]，應該並非猜測之詞。天在觀察與評價人的品德之後，以具體方式展現祂的啓示與判斷，亦即以人民的願望爲反映。例如：

(十) 古我前后罔不惟民之承，保后胥慼，鮮以不浮于天時。（書：盤庚中，頁一三〇）

(十一) 天棐忱辭，其考我民。（書：大誥，頁一九三）[7]

我們將在稍後討論天與人民之間的獨特關係。至於以天爲啓示者，除了占卜之外還有別的方法可以測知天的意旨。試看下列語句：

(十二) 弗造哲迪民康，矧曰其有能格知天命。（書：大誥，頁一九〇）

---

5 《書經．說命》中有「惟天聰明」之語，頁一四〇。

6 《書經．湯誥》有「惟簡在上帝之心」一語。此語曾被引於《論語．堯曰篇》及《墨子．兼愛篇》。見陳夢家，《尚書通論》，頁二三—二五。關於天的位格性，參看羅光，《中國哲學思想史》卷一（台北：先知，一九七五），頁五〇—五二。

7 「天棐忱辭」解爲天不可信。參看屈萬里，《尚書釋義》，頁七四。

(十三) 今天其命哲，命吉凶，命歷年。（書：召誥，頁二一三）[8]

(十四) 爽邦由哲，亦惟十人迪知上帝命。（書：大誥，頁一九四）

這三句引文皆有「哲」字，係指「智慧」而言。所謂「知天命」，不但須有智慧，而且要善於領導百姓。君王的智慧得自於天；啓發百姓則是君王的責任。這裡可以隱約看出理性的光明，以及伴隨後來「德治政體」而生的理性主義的色彩。

二、天人關係

天若爲明智、正義、偉大、仁慈，且人之存在源自於天，則人性必含善德，又何由而生惡行？既生惡行，又如何能予避免？這兩個問題對後代思想家（如孟子與荀子）極其緊要。《詩經》《書經》以特殊方式答覆這兩個問題，從而影響了中國心靈的許多側面。試看下述語句：

8 相關語句見於〈西伯戡黎〉：「故天棄我：不有康食，不虞天性，不迪率典」（頁一四五）。試以此句與引文(十三)比較，可見天之主宰性格頗爲一貫。「不有康食」與人之歷年有關；「不虞天性」與人之吉凶有關；而「不迪率典」則與君王之「哲」（智慧）有關。

(一) 天生烝民，有物有則，民之秉彝，好是懿德。（詩：大雅，頁六七四）
(二) 天生烝民，其命匪諶，靡不有初，鮮克有終。（詩：大雅，頁六四一）
(三) 君惟乃知民德，亦罔不能厥初，惟其終。（書：君奭，頁二四九）

上述引句告訴我們：天生萬民；中國古人相信天爲萬有的來源，尤其是人類生命的大始。重要的是，這種天人關係用「生」而不用「造」來形容。「生」是父母與子女的關係，用於天人之際，固然表示「自虛無中創造」之說對中國人毫不相契[9]，但它是否暗示一種「流衍說」(Emanationism)或甚至「泛神論」(Pantheism)？對古代中國人而言，這一類理解都是不著邊際的。因爲，說到天人關係，重點總是放在道德品質，而不放在自然生命上。天做爲道德根據要遠比做爲形體來源重要；天作爲仁慈的生命大本要遠比做爲終極的實體基礎重要。因此，在陳述天生萬民之後，總要立即指出人的本性原有儀則，只是人類很難一直維持他的善良本性罷了。那麼，問題出在何處呢？人的天賦本性有「可能」陷於淆亂或毀滅的

9 費納佐(Giancarlo Finazzo)，《理或天：論其在早期儒家哲學中的理論要旨》(*The Principle or T'ien: Essay on Its Theoretical Relevancy in Early Confucian Philosophy*)(台北：美亞，一九六七)，頁九〇—九二。秦家懿亦談到這點，並指出：「天」字「增強了內在性的方向與自發創造的觀念」。見《儒與耶》(*Confucianism and Christianity*)(Tokyo: Kōdansha International, 1977)，頁一四三。

地步[10]；此中原因似乎是人的欲望所造成的[11]。但是人的欲望如何使人在道德上墮落，則從無清晰的說明。我們找不到初民的墮落故事。古代中國人只是接受這一「欲望使人可能墮落」的事實而已。透過這一事實，天的「載行」性格得以彰顯。此外，我們讀到：

（四）天惟時求民主，乃大降顯休命于成湯，刑殄有夏。（書：多方，頁二五六）

（五）天佑下民，作之君作之師，惟其克相上帝，寵綏四方。（書：泰誓上，頁一五三）[12]

這兩段話反映了古代的神權政治。君王的任務是「代天行道」[13]，亦即領導人民走上幸福人生。這是遠古相傳的信念；試看：

---

10 參看《書經・湯誥》，頁一一二—一一三。像「無從匪彝、無即慆淫」等句，都是暗示人性可能偏離常軌。

11 《書經・仲虺之誥》，頁一一〇：「惟天生民，有欲無主乃亂。」關於《書經》中人性本善的討論，見高田眞治，《支那思想之研究》，頁二〇—二三。

12 此語出自〈泰誓〉；〈泰誓〉雖不在今文之內，但是本文引用的這句話曾見於《孟子》，並且含意也與其他引文相近。

13 《書經・皐陶謨》有一句名言：「天工，人其代之」（頁六二）。

(六) 古之人猶胥訓告、胥保惠、胥教誨，民無或胥，譸張爲幻。（書：無逸，頁二四三）

君王與人民的關係是互相依存的[14]。爲輔相上帝，君王被尊爲民之父母[15]，能夠規勸人，引他們追隨道德本性的指示[16]。君權天定的信念確實反映了神權政治的影響。但是這種神權政治的重心卻在立下道德典範，而非僅限於行使政治威權。就其理想而言，君王應該具備最高的道德修養。政治應該是一套道德教育的制度。下一節將討論由神權到「德治」[17]的過渡情形。現在，我們先進一步了解：人民如何映現天的意志，以及君王以何種資格受天召選。

14 〈大禹謨〉：「衆非元后何戴，后非衆罔與守邦」（頁五六）。這句話又引於《國語・周語》。太甲：「民非后罔克胥匡以生，后非民罔以辟四方」（頁一一八）。

15 譬如，《書經・泰誓上》：「元后作民父母」（頁一五二）；〈洪範〉：「天子作民父母，以爲天下王」（頁一七三）。

16 〈湯誥〉：「惟皇上帝降衷于下民。若有恆性，克綏厥猷惟后」（頁一一二）。

17 「德治」一詞係採方東美《中國哲學之精神及其發展》一書所申論之義：「余謂此乃人類歷史上最早出現之『德性民主』，宜乎引起後來人類通史上之其他種種社會性及政治性之民主。」此書英文本見：台北：聯經，一九八一，頁七八；由孫智燊中譯「上冊」（台北：成均，一九八四），頁一〇七。

三、天人同心

「天不言，以行與事示之而已。」[18] 孟子這句話可以溯源於古代傳統。在所有顯示天意的行與事中，又以那些與人民相關者最爲重要。人類的道德意識既然推源於天，那麼他們的共同心志自然可以反映天意。在這方面，相關的說法極多，以下僅略選幾段：

(一) 在昔殷先哲王迪畏天顯小民，經德秉哲。（書：酒誥，頁二〇九）

(二) 古人有言曰：人無水監，當於民監。（書：酒誥，頁二一〇）

(三) 昔在殷王中宗，嚴恭寅畏，天命自度，治民祗懼，不敢荒寧。（書：無逸，頁二四〇）

以上三段話都是周代君王回憶古代賢王的作爲，以自相惕勉。君王既是天與民之間不可或缺的中介，其行爲自須同時受上下二界的檢視。天民之間的呼應關係，是以天的仁慈爲其因由：

---

18 《孟子．萬章篇上》。

(四)天亦哀於四方民，其眷命用懋，王其疾敬德。(書：召誥，頁二二〇——二二一)
(五)天矜于民，民之所欲，天必從之。(書：泰誓上，頁一五四)[19]

天人同心的現象以下述二句表達得最爲清楚：

(六)天視自我民視；天聽自我民聽。(書：泰誓中，頁一五五)[20]
(七)天聰明自我民聰明，天明畏自我民明威。達於上下，敬哉有土。(書：臯陶謨，頁六三)

對君王而言，事天即是事民，事民即是事天。這並不是政治上的策略，因爲君王的感受與態度是「敬」(見引文(四)與(七))，亦即他的靈魂、心志、身體皆專注於一個對象，有如參與宗教儀節時的至誠心態[21]。君王的行爲更清楚地表現於下述語句：

19 這句話曾被引於《國語・周語下・鄭語》；《左傳》〈襄公三十一年〉、〈昭公一年〉。
20 這句話曾被引於《孟子・萬章篇上》。
21 《禮記・祭統》曰：「誠信之謂盡，盡之謂敬，敬盡然後可以事神明，此祭之道也。」見《十三經注疏》(冊五)，頁八三一。

（八）奉答天命，和恆四方民。（書：洛誥，頁二二八）

（九）欲王以小民，受天永命。（書：召誥，頁二二三）

天與民的雙重檢訂原則，成爲判斷君王善惡的標準。君王之善者始終敬重與照顧人民[22]，君王之不善者則——

（十）罔顧于天顯民祇。（書：多士，頁二三七）

（十一）厥圖帝之命，不克開于民之麗。（書：多方，頁二五五）

人民對於惡王的肆應態度在夏末與商末時分別是：

（十二）有眾率怠弗協曰：時日曷喪，予及汝皆亡。（書：湯誓，頁一〇八）[23]

（十三）今我民罔弗欲喪曰：天曷不降威？（書：西伯戡黎，頁一四五）

---

22 參看〈盤庚中〉，頁一三〇；〈盤庚下〉，頁一三四。

23 此語亦見《孟子．梁惠王篇上》。

這兩處的人民都以集體名詞出現，表示了共同意志，並以之上訴於天。天是人民的大父大母，自然須對人民的幸福負最終責任。天的行與事並非完全可以預測，有時顯得奧秘難解；但是君與民都有既定的人生途徑可以依循。就君王而言，有關周文王的記載是最好的例子。

四、以周文王爲例，論君王的條件[24]

(一)帝謂文王：無然畔援，無然歆羨，誕先登于岸。(詩：大雅，頁五七一)

(二)帝謂文王：……不識不知，順帝之則。(詩：大雅，頁五七三)

(三)維此文王，小心翼翼，昭事上帝，聿懷多福，厥德不回。(詩：大雅，頁五四一)

(四)穆穆文王，於緝熙敬止，假哉天命。(詩：大雅，頁五三五)

(五)維天之命，於穆不已，於乎不顯，文王之德之純。(詩：周頌，頁七〇八)

(六)惠于宗公，神罔時怨，神罔時恫，刑于寡妻，至于兄弟，以御于家邦。(詩：大雅，頁五六一)

(七)無念爾祖，聿修厥德，永言配命，自求多福。(詩：大雅，頁五三七)

24　本文以周文王爲例，因爲《詩經》與《書經》中，尤其是《詩經》，他的性格與品德被描寫得最清楚最一致。

（八）上天之載，無聲無臭，儀刑文王，萬邦作孚。（詩：大雅，頁五三七）

君王受天所命，統治百姓，因此他的首要條件是「順帝之則」。帝或天之則，如前所述，是仁慈與正義。對人而言，就是最高的道德修養。君王應該比其他人「先登於岸」，率先達到這一理想境界。德由敬生，敬再由德強化。天命降於文王，實因文王的德與敬皆有超凡成就。文王本人的品德純一無疵，連祖先神祇都毫無怨懟。由此可見，君王的品德必須受到天、祖先與自己的檢討。不僅文王如此，其他由世系繼承而登上王位的君王也都必須經過這些檢討。只有師法祖先芳表、日進其德的君王，才能維持統治權，並造福萬邦。道德方面的要求，首先加於君王身上；再透過君王的模範，加於百姓身上。君王不僅僅是一位統治者；他的首要身分是聖人與老師。國家是一個政治實體，但它更是一個道德集團[25]。這種理想曾在《書經・洪範篇》得到系統的舖陳，現在我們就進一步來談談。

五、「皇極」（或「大中」）的象徵意符

以下的討論將集中於《書經・洪範篇》。由於此篇的年代仍有極大爭議，因此在進入正題前須稍作

25 王國維，《觀堂集林》，頁四五四。

說明。

首先，〈洪範篇〉的內容可能極古，並與現存形式不同，但其編訂日期則應該稍晚。就其內容而言，它是殷朝遺賢箕子在周武王克殷之後向他請教：「嗚呼箕子，惟天陰騭下民，相協厥居，我不知其彝倫攸敘！」之時所作的答覆。這個答覆溯及夏朝開國君王大禹的事蹟，時約在西元前二一八三年至二一七六年。據箕子所述，「洪範」（意即「大法」）是天念在禹治平洪水之曠世大功，所賜下的啓示[26]。這個事蹟當然是無法檢證的。但是，是否我們可以把它當做周初思想的一種反映？這一點值得繼續討論。

其次，學者專家對於〈洪範篇〉的成書時代，至今未有定論。例如，它被認爲成書於一、接近戰國時代（西元前四二三—二二一年）末期（此亦爲東周晚期）[27]；二、戰國時代中期[28]；三、戰國時代初期[29]；以及四、西周時期（西元前一一二二—七七〇年）[30]。

---

26 〈洪範〉，頁一六七。

27 劉節，〈港範疏證〉，《東方雜誌》卷二五，期二，頁六一—七六。

28 張西堂，《尚書引論》，頁一八七—九〇。

29 屈萬里，《尚書釋義》，頁六二；陳夢家，《尚書通論》，頁一一八。

30 徐復觀，《中國人性論史》（台北：商務，一九七七），頁五五〇；金景芳，〈西周在哲學上的兩大貢獻〉，《哲學研究》一九七六，期六，頁五八。

第三，本文筆者無意介入以上爭論，只想指出現存〈洪範篇〉的部分章節確定存在於戰國時代之前。譬如，我們在《左傳》（〈文公五年〉、〈成公六年〉、〈襄公三年〉）、《墨子》（〈兼愛篇下〉）、《呂氏春秋》（〈貴公篇〉）、《荀子》（〈天論篇〉、〈修身篇〉）、《韓非子》（〈有度篇〉）等書，都發現過〈洪範篇〉的引文。此外，《詩經小雅》的一節與《書經・呂刑》的一節，亦可以說是採自〈洪範篇〉[31]。因此，〈洪範篇〉的某些部分極可能在西周時即已存在。

第四，最重要的一點是：本文以下據爲論證的只是〈洪範篇〉中的一節，亦即洪範九疇中的第五疇——「皇極」。我們若以「皇極」爲顯示君王的理想判準，並釋之爲「中」的象徵意符，那麼就可以放心認定這是西周的觀念，因爲「中」之教訓在古代典籍中曾有多見[32]。

本文的目的是要肯定「皇極」的理念是天對君王所定下的首要規範，因此上述說明應已足夠。洪範九疇乃天之所啓，內容廣含周遍，包括：物理、心理、政治、倫理、占卜、農耕、法律等方面的原則，

31 金景芳，頁五八—五九。《詩・小雅》：「或聖或否……或哲或謀，或肅或乂」（頁四一三）。這裡提到的五種德行「聖、哲、謀、肅、乂」，與〈洪範〉所謂「肅、乂、哲、謀、聖」（頁一七〇）應有直接關聯。《書經・呂刑》所謂三德（頁三〇〇）亦可以推溯於洪範的「三德：正直、剛克、柔克」（頁一七四）。

32 如「民協于中」（《書經・大禹謨》，頁五五），「王懋昭大德，建中于民」（《書經・仲虺之誥》，頁一一二），「民心罔中，惟爾之中」（《書經・君牙》，頁二九三），「惟皇上帝降衷于下民」（《書經・湯誥》，頁一一二），「咨爾舜，天之曆數在爾躬，允執其中！」（論語二〇：一）。

以及首要的治國原理。這個首要的原理即是位居九疇中央地位的第五疇，皇極。

根據方東美先生的研究，「『皇極』一辭，質言之，實指『太極』。以『太』或『大』釋『皇』，自無疑問，蓋『偉大』之涵德，商周之人皆奉爲秉承於『天』或『上帝』。『極』之一字，其具體原義但指某建築物之『主棟』或『屋極之中』，或某房屋之『屋脊』。由之逐漸引伸而得種種抽象義，諸如一、『中』、『中央』、『中心』，二、『隱秘』，三、『正』、『正直』、『正義』，四、『高卓』，五、『至上』，六、『邃遠』，與七、『究極』等。」[33]

由此可見，「極」做爲最高屋脊，實含有豐富的象徵意義。根據當代比較宗教學的研究，古人常以房屋代表宇宙的縮型[34]；那麼中國式的房屋建築更適合寫象「中」之意符。蓋因中國式的房屋，其最高屋脊不僅占據全部建築的最高點，而且橫貫屋頂的中央部分。少了它，房屋不成其爲房屋；放置稍有偏差，房屋亦將崩塌。國家之構造亦正如房屋之建築。那麼，國家的最高屋脊是什麼呢？或者，政治的最高原理是什麼呢？我們將由這個問題的答案，看出神權與德治的緊要關聯。

《逸周書》有云：「正及神人曰極」與「出世能極曰帝」[35]。因此，「極」代表絕對正義，爲神人

33 方東美，《中國哲學之精神及其發展》（中譯本），頁七四。
34 艾良德（Mircea Eliade），《意象與符號》（*Images and Symbols*）（New York: Sheed & Ward, 1969），頁三九—四二。
35 《逸周書》（台北，世界，一九五七），頁八五。

所共尊；並且「極」的最後來源即是古人奉爲至高主宰的帝。「極」是人民藉以走上正途的宏規[36]。帝或天，是絕對正義之本身；君王（在商朝末期曾稱先王爲帝）則是絕對正義的化身體現。君王在周朝稱爲「天子」；這個榮銜的首義是肯定君王做爲絕對正義的體現時所應具備的條件。這是中國政治學說中的最高理念。我們且看〈皇極〉一疇中的正文所載：

> 無偏無陂，遵王之義；
> 無有作好，遵王之道；
> 無有作惡，遵王之路；
> 無偏無黨，王道蕩蕩；
> 無黨無偏，王道平平；
> 無反無側，王道正直；
> 會其有極，歸其有極。[37]

---

36 同上，頁一五、一九。「極」也可以解爲「至善」，例如《詩經．周頌》：「立我烝民，莫匪爾極」（頁七二一）。

37 〈洪範〉，頁一七三。

上述大中至正的寶訓[38]，是天的訓言，永恆的法則。繼此之後，〈洪範篇〉又說：「凡厥庶民極之，敷言是訓是行，以近天子之光。曰天子作民父母，以爲天下王。」[39]

大中即是絕對正義與完善品德的象徵。這是中國古代君王的唯一心法；堯以之傳舜，舜以之傳禹的都是「允執厥中」[40]。相傳商的開國君王成湯在放桀之後，仲虺亦曾進言：「王懋昭大德，建中于民。」[41]這一進言的隱含信念是：「建大中以承天心。」[42]於是，天、君、民三者皆在大中原理上結爲一體。

神權到德治的轉化，即以上述理念爲基礎。蔡沈的《書經集傳》曾釋「皇極」爲北極，如最終判準或至高規範，一旦立於「中」，將成爲四方之所向[43]。因此，社會或家庭中的每一個人，按其各自的角色（如君與臣、父與子、夫與妻、兄與弟）都有「極」可以仿效。蔡沈繼續說明：最後，事件之細節、言行之表現，皆臻其正當的極限，無過亦無不及。如此，才可說是「極」[44]。唯有恪遵天的教訓，人民才能

38 釋「皇極」爲「大中」，原是漢代以來學者的通識。見《十三經注疏》，孔穎達《尚書正義》，頁一七二。
39 〈洪範〉，頁一七三。
40 《論語》二〇：一。
41 〈仲虺之語〉，頁一一二。
42 班固，《漢書》卷八五，〈谷永杜鄴傳第五十五〉（見明倫版，一九七二），頁三四四三。
43 蔡沈，《書經集傳》（香港：東亞，一九七四），頁一二〇。
44 同上。

各安其位，國家才能常保太平。我們將在下一節繼續討論德治理想。

簡言之，我們可以稍作結語如下：一、《詩經》與《書經》中確實表現了天與帝的共同意義；二、天與帝的性格可以由啓示者、造生者、載行者與審判者這些方面來了解；三、啓示之天表現於占卜、君王的智慧與人民的集體意志上；四、造生之天的首義是指生命的終極本源，而非一「自虛無中創造萬物」的造物者；並且天在造生人類時，同時賦人以道德意識；五、載行之天委任君王爲人間世的代表，領導百姓踏上正途、獲得幸福；六、審判之天的特色是以天本身爲絕對正義，並以「天子」君王爲絕對正義的化身。以上各點皆顯示古代中國政治由神權到德治的發展是自然而必要的。爲了進一步闡明這種發展，並了解天概念在其中的演變，我們必須更深入研究《詩經》與《書經》。

第二章
天命觀

對古代中國人而言，天的確可以稱爲「超越界」或「超越者」（the transcendent）。但是這個超越界卻不是完全超絕於人類世界之上的。超越界與內在界之間有某些關聯，如祭祀、占卜，以及映現天意的人類道德意識。其中最密切的關聯，應屬君王之稱「天子」，代天行教，爲民父母。君王的條件乃成爲重要問題。「皇極」或「大中」的理念原是天所設定，以便萬民共遵者。國家成爲道德教化的園地，奠基於君王之體現絕對正義。君王一方面「建大中以承天心」，另一方面立下至高典範以匡正人民。天與民的聯結乃落實於君王個人身上。那麼，天如何選定君王呢？又如何表示祂的委任呢？我們在上一節曾以周文王爲例，略述君王的條件；現在預備專門談談「天命」這個永恆的題材。這個題材是我們了解早期中國的宗教、哲學與政治的關鍵。以下討論將借重《詩經》與《書經》中的資料，分別探討：天眞正施令了嗎？如何辨明天的意志？得天命的條件是什麼？君王如何可以保存天命？天命有常抑無常？

一、天是統治者

中國古人相信天是世界的眞正主宰。這個信念可以上溯至未明的遠古時代。天既是統治者，自然應該表現祂的意志，以號令人民。我們找出一些相關例證：

(一)天命玄鳥，降而生商。……古帝命武湯，正域彼四方。(詩：商頌，頁七九三—九四)
(二)昊天有成命，二后受之。(詩：周頌，頁七一六)
(三)有命自天，命此文王。(詩：大雅，頁五四二)

由此可見，當時的人相信天是商民族的本源；至於如何造生商民族，則神秘不可解了。商周之立國，皆由於天的命令而成。天命同時顯露啓示與判斷；這一點在國之將亡時似乎表現得更直接：

(四)天……乃命爾先祖成湯革夏。(書：多士，頁二三七)
(五)有夏多罪，天命殛之。(書：湯誓，頁一〇八)
(六)有命曰割殷，告勅于帝。(書：多士，頁二三八)

（七）皇天上帝改厥元子茲大國殷之命。（書：召誥，頁二二〇）

商之代夏，與周之代商，都得到至高主宰天的判斷與命令。周朝君王雖然代商而有天下，但是非常明白這一嚴肅的法則，因此互相勉勵萬勿失去天命而導致國家亡滅[1]。他們相信：只要人類生命面臨關鍵時刻，天命將毫不遲疑地展現。

二、如何明辨天命

我們在上一節討論「啓示之天」時，曾約略談過這個問題。天意可以由占卜與民意測知。除此之外，君王本人受天所命，自亦有其明辨之方。例如：

（一）爾乃不大宅天命，爾乃屑播天命。（書：多方，頁二五八）

（二）亦越成湯陟，丕釐上帝之耿命。（書：立政，頁二六一）

（三）昔在殷王中宗，嚴恭寅畏，天命自度。（書：無逸，頁二四〇）

---

1 于省吾，《甲骨文字釋林》，頁一八七。

可見君王應該在內心衡量天命，這是他維持自己統治者身分所必須做到的。

如此，我們共有三種途徑可以明辨天命。這三種途徑必須同時採行，以免誤解了天的旨意。有些學者批評中國古人傾向迷信；似乎並不盡然如此。〈洪範〉九疇中的第七疇稱爲「稽疑」，基本原則亦與此相近。它說：

> 汝則有大疑，謀及乃心，謀及卿士，謀及庶人，謀及卜筮。（書：洪範，頁一七五）

這樣的方法果然周遍！它的確反映了傳統的三角關係：君王（謀及乃心）、人民（謀及卿士，謀及庶人）與天（謀及卜筮）。天意既然可以明辨，接下來的問題是：什麼樣的人可以接受天命？亦即，君王的條件如何？

三、君王之塑成與天命

這個問題可以從三方面來說：

一、我們由史書得知：品德是天命的條件。

(一)罔不明德愼罰……享天之命。(書：多方，頁二五六)

(二)罔不明德恤祀。(書：多士，頁二三七)

(三)天惟純佑命，則商實百姓，王人罔不秉德明恤。(書：君奭，頁二四六)

(四)湯咸有一德，克享天心，受天明命。(書：咸有一德，頁一二〇)

二、追隨前王的典範，周朝開國之君文王亦獲享天命。問題是：天如何知道文王之德？在這方面，我們發現一個有趣的說法。試看：

(一)文王克明德愼罰，……我西土惟時怙，冒聞于上帝，帝休，天乃大命文王。(書：康誥，頁二〇一)

(二)亦惟純佑秉德，迪知天威，乃惟時昭文王，迪見冒聞于上帝，惟時受有殷命哉。(書：君奭，頁二四七)

(三)至治馨香感于神明，黍稷非馨，明德惟馨。(書：君陳，頁二七四)[2]

(四)弗惟德馨香，祀登聞于天。(書：酒誥，頁二一〇)

2 此句又引於《左傳・僖公五年》。

(五)維天之命，於穆不已，於乎不顯，文王之德之純。(詩：周頌，頁七〇八)

爲了察知君王的品德，天並不下降到人間世；相反的，君王的品德會上升，「冒聞于上帝」。品德就像某種「馨香」，會自然上升到天帝那兒，感動神明。以德爲馨這個比喻其實是有宗教根據的。「德」字的原義要比今人所知者更爲深刻。孟洛(Donald Munro)在「德概念之起源」一文曾正確指出：

> 德字原指人對天定法則所持的一貫態度；理想的德，是指這種態度表現於恪遵天定法則的日常行爲中。個人與天的交往要靠這種態度來維持；因此，德具宗教性格。到了周朝，德字進一步代表統治者所賞賜的恩惠(或者簡單說來，仁慈)，因爲人們相信這種作法符合天的一項主要命令。於是，德自然而然在百姓心中產生敬愛與忠誠，並群起歸向行德之人。[3]

因此，以「冒聞于天」的「馨香」來形容「德」，只不過保持了德的原義而已。德登聞於天，把天與人聯結起來。這也說明了爲何德與敬時常共同出現，互爲表裡；因爲敬的原義亦指宗教態度而言[4]。文王

3 孟洛(Donald Munro)，《早期中國的人概念》(*The Concept of Man in Early China*)(史丹福大學，一九六九)，頁一八五。

4 饒宗頤，〈天神觀與道德思想〉，《歷史語言研究所集刊》，期四九，一九七八，頁八二—八四。在金文中，常

以他純一無疵的品德獲享天命，並且做爲百姓的楷模。德與天命的關係並非外在的聯繫，而是內在的因果。

三、有德者獲享天命；甚至可以說，德是君王的唯一條件。傳統的神權政體就在這種信念的基礎上過渡到德治政體。試看下列語句：

(一)皇天無親，惟德是輔；民心無常，惟惠之懷。(書：蔡仲之命，頁二五四)[5]

(二)假樂君子，顯顯令德，宜民宜人，受祿于天，保右命之，自天申之。(詩：大雅，頁六一五)

(三)其惟王位在德元，小民乃惟刑用于天下，越王顯。(書：召誥，頁二二三)

上述語句明確顯示天的無私性。天是大公無私的；但這並不表示天對君王的所作所爲不聞不問。事實上，天的無私性來自天的絕對正義的性格。君王若想滿全絕對正義的要求，唯一能做的就是修德。這並非泛道德主義，因爲它的核心始終是一種宗教上的付託(commitment)。人間事務的先後順序由此得到肯

(續) 以「穆穆」形容虔敬的心態。這個形容詞屢見不鮮。

5 這句話又見於《左傳・僖公五年》。類似的話在古文《書經》說的更直截。例如：「惟德動天，無遠弗屆」(《書經・大禹謨》，頁五八)；「惟天無親；克敬惟親；民罔常懷，懷于有仁」(《書經・太甲》，頁一一八—一一九)；「非天私我有商，惟天佑于一德。非商求于下民，惟民歸于一德。」(《書經・咸有一德》，頁一二〇)。

定：正德爲先，其次利用，厚生殿後[6]。重德思想對後來的儒家與整體中國心靈都有深遠的影響。

德治政體的另一原則是：君王本人必須是至德的體現，然後人民可以群起倣效。根據這一原則，〈洪範篇〉中的一句話值得斟酌，就是：「惟辟作福，惟辟作威，惟辟玉食。臣無有作福作威玉食。」（一七四頁）一般注家皆以「作福、作威、玉食」爲君王的特權[7]，亦即以「君王」解「辟」。但是，縱觀《書經》可知，統治者除了超杰的品德以外，並無其他特權——這是就與天命有關的條件而言，統治者自己放僻邪侈不在此列。君王若享有人民無法倣效的特權，則這個政體無異於獨裁式、尊君式，或暴君式的政體。中國政治的後期發展似有此種傾向，但它與原始的德治理想是背道而馳的。那麼，〈洪範篇〉這句話作何解釋呢？方東美先生指出「辟」「僻」於此乃是同義，因此「唯僻作福，乃行私惠主義；唯僻作威，乃行暴政高壓；惟僻玉食，乃行奢侈淫靡。凡屬良臣，斷無蹈此惡行者。」[8]他繼續

6 《書經．大禹謨》，頁五三。

7 《書經．洪範》，頁一七四；見孔穎達，《尚書正義》部分。

8 參看方東美著、孫智燊譯，《中國哲學之精神及其發展》，頁六二——六三；以及註七之討論：「馬融與鄭康成同釋『辟』作『君』——『君主』義，顯謬。『辟』、『僻』於此乃是同義、假借，意指『邪僻』。古代正德明君生活尚簡樸，從無耽於奢侈淫靡者。邪僻暴君，如夏桀、商紂、周幽王之流，皆公議眾矢之的，爲道德所不齒。即以漢代開國之君漢高祖劉邦而論，人欲爲建華麗宮室，亦堅持不受。惟有漢儒，經生餖飣爲事，曲學阿世，逢君之惡。余訓此段，以宋人趙善湘之《洪範統一》爲藍本，其中『辟』字，無左『人』旁。然趙亦猶漢儒，畏君主專制之威，倡『惟辟（君）玉食』！」（頁一一二）。

說：「凡邪僻之臣，溺此諸患，莫不害於室家，危於邦國。倘居高位者，唯邪僻是務，唯偏私是行，則庶民怨怒，終於叛焉。」[9]

經過這一字之易，整個〈洪範篇〉的高尚理想才得以展現。不然便是自相矛盾：一方面要立下皇極大中之教，以君王爲「極」、爲人民典範，另一方面卻又給君王設下「作福作威玉食」的特權。更重要的是，在我們所檢討的周初典籍中，君王的目標（雖然不一定能夠達成）總是勤於修德，以維持天命。

四、維持天命的途徑

君王必須努力維持天命，因爲天命不是一勞永逸地賦與的。君王必須一再與天續約。

一、周初君王相信維持天命是極其困難的。這一信念顯示了天的大公無私與長期要求。譬如：

(一)天維顯思，命不易哉。（詩：周頌，頁七四〇）

(二)宜鑒于殷，駿命不易。（詩：大雅，頁五三七）

---

9 同上，頁六二—六三。這個意見可以得到《左傳》中的一句話支持：「天之愛民甚矣。豈其使一人肆於民上，以從其淫，而棄天地之性；必不然矣。」（襄十四年）。

(三) 命之不易，無遏爾躬。(詩：大雅，頁五三七)
(四) 我受命無疆惟休，亦大惟艱。(書：君奭，頁二四八)
(五) 天難忱斯，不易維王。(詩：大雅，頁五四)
(六) 天命不易，天難諶，乃其墜命弗克經歷，嗣前人恭明德。(書：君奭，頁二四五)

以上引文(一)至(四)皆清楚指出：君王難爲，因爲天命不易保持；由此推及(五)(六)之「天不可信」的想法。但是我們不必由此論斷這是「懷疑主義」。因爲這種想法基於下述信念：天從未放手不管人類世界，同時君王只是天的代理人而已。對君王而言，天不可信；但是對人民而言，這正好證明了天是完全可以信靠的。我們稍後會談到古代中國懷疑主義興起的問題。

二、維持天命的途徑在《書經》中也屢次談到：

(一) 惟王受命，無疆惟休亦無疆惟恤。嗚呼！曷其奈何弗敬。(書：召誥，頁二二〇)
(二) 惟文王德丕承無疆之恤。(書：君奭，頁二四八)
(三) 肆惟王其疾敬德，王其德之用，祈天求命。(書：召誥，頁二二三)
(四) 其眷命用懋，王其疾敬德。(書：召誥，頁二二〇—二二一)
(五) 王敬所作，不可不敬德。(書：召誥，頁二二二)

獲享天命當然是極其尊榮的事，但是隨伴天命而來的「憂患」也是無窮的。這種憂患就是不斷修德與日進其德；道德是沒有假期的。「其惟王位在德元」（頁二二三）的教訓在周初文獻中到處可見。君王若念茲在茲，自能長保天命。這種教訓對於新登基的君王來說，更是殷切；他們應該日新其德[10]！這眞是一個偉大的理想！這個理想對於構成周代（也許夏代、商代亦然）的漫長歷史，必有直接關聯。它展示了宗教與政治之間的和諧關係。這個時代的中國人似乎不大注重「彼世」的問題，原因或許在此。

五、天命有常抑無常？

關於天命有常無常問題，可以分三步討論：

一、對於已經獲享天命的人而言，天命是無常的。這個事實可以由歷史得到充分證明：

(一) 皇天上帝改厥元子茲大國殷之命。（書：召誥，頁二二〇）

(二) 有夏……有殷……惟不敬厥德，乃早墜厥命。（書，召誥，頁二二二）

10 譬如：「天難諶，命靡常；常厥德，保厥位。」（《書經・咸有一德》，頁一二〇）：「今嗣王新服厥命，惟新厥德，終始惟一，時乃日新。」（同上，頁一二〇）。

(三)弗弔天降喪于殷，殷既墜厥命。(書：君奭，頁二四四)
(四)弗弔旻天大降喪于殷，我有周佑命。(書：多士，頁二三六)
(五)天不可信，我道惟寧王德延。(書：君奭，頁二四五)
(六)周雖舊邦，其命維新。有周不顯，帝命不時。(詩：大雅，頁五三三)

由商之代夏與周之代商的歷史事實，可知天命無常。這種無常性不僅對於失落天命者爲眞，對於獲享天命者亦爲眞。就前者言，天是不仁(弗弔)的；就後者言，天是不可信的，然而，這些信念的含意卻是積極的與正面的。其中的重點逐漸轉到獲享天命者身上。事實上，天命的無常來自人君道德的無常。

二、人應該自負其責的觀念出現了；這種觀念使人對天的信仰表現出理性的色彩。譬如：

(一)非天庸釋有夏，非天庸釋有殷，乃惟爾辟以爾多方大淫，圖天之命屑有辭。(書：多方，頁二五七)
(二)非天夭民，民中絕命。(書：高宗肜日，頁一四三)
(三)天非虐，惟民自速辜。(書：酒誥，頁二一〇)
(四)匪上帝不時，殷不用舊，……曾是莫聽，大命以傾。(詩：大雅，頁六四三)
(五)庶群自酒腥聞在上，故天降喪于殷。(書：酒誥，頁二一〇)

(六)非我有周秉德不康寧，乃惟爾自速辜。(書：多方，頁二五八)
(七)則惟汝眾自作弗靖，非予有咎。(書：盤庚上，頁一二九)

人類「自負其責」的信念，暗示了人在現實世界具有某種獨立自主性。天的大公無私於是表現一種冷眼旁觀的性格(引文(一)至(四))。有些君王逐漸以天做爲他自己遂行懲罰的藉口(引文(五)至(七))。從政治著眼的話，這種作法並無錯誤。君王假使疏忽自身的無上道德要求，轉而強調天命，亦即以天爲名義來肯定自己的政治威權。那麼結果毌寧是相當嚴重的。審判之天在中國政治及宗教的形成時期，曾經扮演關鍵的角色。隨著周王朝的式微，天的審判者性格亦失去生機。像「天作孽猶可違，自作孽不可逭」[11]之類的話，就充分顯示天的審判者性格被疏忽了，而天的載行者性格在一種狹窄的意義下被強調了。換句話說，天逐漸被化約爲自然之天，而自然界的災禍(如水旱災)是人類可以設法避免的。當然，我並不是說載行之天一定指稱自然之天。自然之天只是載行之天的許多含意之一。何況從審判之天到自然之天的複雜轉換過程也不是可以輕易肯定的。我們稍後會再談到這個問題。就眼前所論而言，我們還是願意指出天命是有常的。自商周以來，不管天概念如何被俗世化、中立化，或甚至簡化爲蒼蒼之天，它的原始的絕對正義理想仍以某種方式存在著。

11 《書經．太甲》，頁一一八，此語亦引於《孟子》的〈離婁篇上〉、〈公孫丑篇上〉，以及《禮記．緇衣》。

三、天命有常的信念見諸下列語句：

㈠取譬不遠，昊天不忒；回遹其德，俾民大棘。（詩：大雅，頁六四九）

㈡天命不僭，卜陳惟若茲。（書：大誥，頁一九四）

㈢惟上帝不常，作善降之百祥，作不善降之百殃。（書：伊訓，頁一一五）[12]

㈣天道福善禍淫。（書：湯誥，頁一一二）

由引文㈠㈡可知，天是不會判斷錯誤的。天的判斷在引文㈢㈣中似爲不常，但其實正表現了永恆的常法：賞善罰惡。這種對絕對正義的渴求思慕，正是中國宗教的根基，同時我相信，也是一切眞宗教的根基。

12　此語亦見於《國語．周語》。

第三章
天概念之式微

如上所述，天命有常可以由君王之德來證實；君王有德與否進而決定人民的禍福。天、君王與人民之間的三角關係，是傳統神權政體轉化爲德治政體之基礎。德治政體並不表示人在道德方面要完全擺脫一位超越的主宰；它的重點毋寧在於肯定君王是絕對正義的體現。古代中國凡是遇著危機時期，幾乎毫無例外都要歸咎於君王之失德。祭祀禮儀與王室占卜，都是君王明辨其權威來源的作法。天，以及天的助手，像神、鬼、祖先，都在祭祀儀節中顯示無形的檢討力量。然而，這一類檢討是否有效，卻要看主祭者與與祭者的態度與心理。假使祭禮受到明顯的曲解與誤用，就表示這個王朝瀕於沒落及衰亡。因此，我們可以從有關祭祀的資料來了解一個時代的天概念。

其次，君王理應是天（絕對正義）的代表；他受天之命，作民父母，必須勤於修德，爲民謀福。這種獨特角色使君王自稱「余一人」（或「予一人」）；意即只有他一人位於天與人民之間。我們可以從君王自稱「余一人」的不同心態與動機，察知他們如何體認自己的權威與地位，同時也間接了解他們各自的天概念，以及當時的宗教氛圍。

政治與宗教的傳統關聯極其密切，似乎到了同進退的地步。政治領域的災禍往往與宗教觀念的崩潰互爲因果。這整個事實又明顯展示於天概念上。天若喪失絕對正義的角色，則難免被一步步化約爲盲目命運與自然之天。

以上三點可以進一步討論如下：

一、對於祭禮的各種態度

中國人相信，祭祀之禮自有生民以來即已存在[1]。祭禮的功用隨所祭神明的性質而有不同。大體說來，這些祭禮表現了人對超越界的欽崇、依恃與期盼。不管超越界與現實界之間的距離是遠是近，這兩個世界或同一世界的兩個領域總有某種關聯。古代聖王毫無例外地都是善於行祭的祭司。例如：

(一)先王顧諟天之明命以承上下神祇，社稷宗廟罔不祗肅。（書：太甲上，頁一一六）

1 《後漢書》，卷一七，〈祭祀志上〉。

(二)(舜)肆類于上帝、禋于六宗、望于山川，徧于群神。(書：舜典，頁三五—三六)[2]

從另一方面看來，廢棄祭典是嚴重的罪惡，甚至會導致國家或宗族的滅亡。試看：

(三)湯征諸侯。葛伯不祀，湯始伐之。(史記：殷本紀)

(四)(周公誡商之遺民：)洪惟天之命弗永寅念于祀。(書：多方，頁二五五)[3]

(五)(武王責商紂：)乃夷居弗事上帝神祇，遺厥先宗廟弗祀。(書：泰誓上，頁一五三)[4]

不僅如此，祭祀還應該以適當的態度奉行。試看：

(六)黷于祭祀時謂弗欽，禮煩則亂，事神則難。(書：說命中，頁一四一)

---

2 引文(一)(二)選自編訂日期稍後的篇章，但其中表達的思想可能極早。此外，引文(一)的前半段曾引於《大學》，引文(二)則全句引於《史記．五帝本紀》。

3 此句亦見《書經．仲虺之誥》，頁一一一；惟上下文不盡相同。

4 此句引於《墨子．非命》。以下所引例句有些並未涉及天概念，但有助於闡明本文的論證。在這些地方，我將不再費心考慮編訂年代的問題。

(七) 繼常祀，毋禮于弃道。（史記：殷本紀）

(八) 王司敬民，罔非天胤，典祀無豐于昵。（書：高宗肜日，頁一四四）

(九) 敢有恆舞于宮酣歌于室，時謂巫風。（書：伊訓，頁一一五）

在舉行祭祀時，主祭者首先必須虔敬；祭品不可流於奢侈浪費；對待不同的祖先亦須準備合宜的祭品。假使不能嚴守這些規定，祭禮就可能淪爲「巫風」，成爲享樂縱欲的藉口。

假使缺乏虔敬之心與適當規範，祭禮很容易淪爲形式主義與功利主義。宗教上的形式主義是指在奉行儀節時缺乏適當的態度。這樣做的後果往往比不做更糟。「巫風」就是一個很好的例子。至於功利主義，我們發現它瀰漫於多數祭禮中；尤其在國家危亡時，君王對祖先的祭祀往往出於功利的目的。例如：

(十) 我先后綏乃祖乃父，乃祖乃父乃斷棄汝，不救乃死。（書：盤庚中，頁一三二）

(十一) 今殷民乃攘竊神祇之犧牲。（書：微子，頁一四六）

(十二) 烝衎烈祖，以洽百禮。百禮既至，有壬有林。錫爾純嘏，子孫其湛。（詩：小雅，頁四九二—九三）

(十三) 神具醉止，皇尸載起……神嗜飲食，使君壽考。（詩：小雅，頁四五八—五九）

（十四）上下奠瘞，靡神不宗。（詩：大雅，頁六六〇）

這幾句話充分顯示主祭者「祭以祈福」的心態。這種心態與迷信相距不遠。祭祀成爲投資；祖先像腐化的官員，可以收受賄賂。他們（經由尸祝的替身）被描寫爲像一般人一樣可以吃喝玩樂。他們收受祭祀的唯一條件是賜下幸福。修德之說在此未受重視，甚至完全被遺忘了。祖先應召而來，滿全主祭者的願望。我們不難了解何以人們會偷竊祭品。功利主義的極端表現，是在危機時期人們向一切神祇求助。這樣一來，天概念自然會降格爲深不可測的命運與蒼蒼無知之天。我們稍後會再回到這一點。

二、君王之自稱「余一人」

君王之自稱「余一人」由來已久，甲骨文中即已出現[5]。至少在商王武丁（約西元前一三二四年）時期，「余一人」已成爲君王的特稱。根據史料所載，這個特稱還可以上溯到盤庚，甚至商朝開國之君成湯[6]。《白虎通・號篇》曾謂君王之自稱「余一人」，係表謙虛，以其自視能力僅相當一人而已[7]。我

5 胡厚宣，〈釋余一人〉，《歷史研究》一九五七，期一，頁七五。

6 同上，頁七五—七六。

7 《白虎通・號篇》；引於胡厚宣，同上，頁七七。

們若檢視此一用語的上下文，卻找不出此說的根據。筆者以爲，「余一人」最初用來表示君王對於自己介於天人之間的獨特地位有所認知。這一獨特地位係由天所命，伴隨而來的是無上道德要求。商周兩代的開國之君都在這一認知上使用「余一人」。試看：

(一)（湯：）其爾萬方有罪，在予一人；予一人有罪，無以爾萬方。（書：湯誥，頁一一三）

(二)（伊尹申誥于王：）一人元良，萬邦以貞。（書：太甲下，頁一一九）

(三)（武王：）百姓有過，在予一人。（書：泰誓中，頁一五五）

這些例子告訴我們：君王對於自己的獨特責任是非常清楚的。君王的本職即是做爲人民的道德楷模。人民若有任何過失，君王是難辭其咎的。

然而，這種正確心態到了後期君王就逐漸改變了。「余一人」成爲特權名稱，用來要求官吏百姓。盤庚曾警告百姓：「非予自荒茲德，惟汝含德，不惕予一人」（頁一二八）。甲骨文所載之事（到目前所知）皆後於盤庚，其中「余一人」多爲君王占卜時之自稱；這一類占卜的內容以君王本人的福禍爲主[8]。下列語句清楚顯示君王是如何的自求多福：

8　胡厚宣，同上，頁七五。

(四)（周穆王：）爾尚敬逆天命，以奉我一人。……一人有慶，兆民賴之。（書：呂刑，頁三〇〇）

(五)（周平王：）嗚呼！有績予一人，永綏在位。（書：文侯之命，頁三一〇）

君王若只顧及自己的福禍，而忽略天命的道德要求，就表示天概念趨於沒落了。方東美先生的評論極其正確，他說：「暴君殘虐，彼等雖口口聲聲假借『天命』之名，實則往往皆背道而行之，蓋恨其不遂己私也。史載殷武乙嘗作人偶，而命之曰神，仰射之，以洩其憤、逞其暴。夫惡名昭彰如是者，豈惟武乙一人而已！夏桀、殷紂、周厲等俱是一丘之貉，無不以漫侮神而殘虐人聞。」[9]

三、命運之天與自然之天

天一旦喪失神性正義的性格，其結局之一是淪為命運或蒼天。在《書經》與《詩經》中，命運之天並未明顯突出。《詩經》中只有三處談及命運：「實命不同」、「實命不猶」（國風召南，頁六三、六四），與「不知命也」（國風鄘，頁一二二）。但是把命運與天聯起來的，只見於《書經》中的一段話：祖伊諫商紂，「王曰：嗚呼！我生不有命在天。祖伊反曰：嗚呼！乃罪多參在上，乃能責命于天！」（西

9 方東美，頁九七。

伯戡黎，頁一四五）。命運之天到春秋時代才明朗化。

假使君王爲惡，天又默然無語，那麼人民向誰訴求呢？人民對天的態度乃逐漸轉變：首先，人民減少對天的敬畏，並由此產生人間種種紛亂：

（一）胡不相畏，不畏于天？（詩：小雅，頁四一〇）

（二）不媿于人，不畏于天！（詩：小雅，頁四二六）

其次，天既然對人民的苦難無動於衷，人民乃責怪天之不義與不仁[10]。這一責怪正好反映了傳統所信之天是公義與仁愛的。但是現在，天變得昏庸愚昧了。試看：

（三）昊天不傭，降此鞠訩。昊天不惠，降此大戾。（詩：小雅，頁三九五）

（四）浩浩昊天，不駿其德。降喪饑饉，斬伐四國。旻天疾威，弗慮弗圖。舍彼有罪，既伏其辜。若此無罪，淪胥以鋪。（詩：小雅，頁四〇九）

10　德效騫(H. H. Dubs)在《周王室的原始宗教》(*The Archaic Royal Jou Religion*)一文中曾說：「在中國，一旦要求個人正義的呼聲興起，人們對天的信仰就趨於式微。因爲中國人並不相信有來世的生命，可以補償現世的不義。」見《通報》，期四六(L 3-5)，一九五八，頁二四五。

(五)昊天孔昭，我生靡樂。視爾夢夢，我心慘慘。(詩：大雅，頁六四九)

(六)民今方殆，視天夢夢。(詩：小雅，頁三九八)

第三，傳統所謂的「昊天」(偉大的天)被「蒼天」(自然的天)所取代了。譬如：

(七)悠悠蒼天，此何人哉！(詩：國風，頁一四八)

(八)悠悠蒼天，曷其有所！(詩：國風，頁二二五)

(九)彼蒼者天，殲我良人！(詩：國風，頁二四三)

(十)蒼天蒼天，視彼驕人，矜彼良人。(詩：小雅，頁四二九)

(十一)瞻仰昊天，有嘒其星……瞻仰昊天，曷惠其寧。(詩：大雅，頁六六三)

第四，自然之天無法回應人民的訴求，人民只能轉而呼求他們的生身父母了。這種感情實是絕望中的哀告：

(十二)悠悠昊天，曰父母且。無罪無辜，亂如此幠。(詩：小雅，頁四二三)

(十三)天之生我，我辰安在？(詩：小雅，頁四二一)

(十四) 天實爲之，謂之何哉！(詩：國風，頁一〇三)
(十五) 母也天只，不諒人只。(詩：國風，頁一〇九)
(十六) 哀哀父母，生我劬勞……無父何怙，無母何恃……欲報之德，昊天罔極。(詩：小雅，頁四三六—三七)

隨著這一類感人的哀告，我們走向一個時代的終結。這個終結並不是死胡同，而是中國思想史上新時代的開端。在繼起的春秋戰國時代，我們看到哲學綻放異采，再現高潮。中國哲學各家各派，在某一重要意義上，皆可以從傳統的天概念吸取無窮無盡的滋養。天概念，以及天的豐富指意，像造生者、載行者、統治者、啓示者與審判者，仍有其周遍的內含。春秋戰國時代的「哲學突破」，正發源於思想家對天概念之復振、鍾錬與重塑的努力，中國各派哲學皆可依其不同的天概念而加以區分；這並非誇張之語。我希望這種了解能在我們討論古典儒家與道家之後，得到進一步的證實。

結語

本文就《詩經》《書經》所表現的周人思想中，探索天概念的演變。「天」與「帝」這兩個核心概念可以互換使用，其背後必有值得玩味的歷史因素；可惜文獻不足（即使加上甲骨文與金文），我們無法找到確鑿的證據。在《書經》《詩經》中，已把天帝互用以代表至高神祇，視為當然之事。古人以多種名稱指謂至上神，並非稀奇的事；即使今人亦往往如此。對周人而言，至上神顯然只有一位。但是以「天」來稱呼至上神，則饒有深意。這種作法似乎預示了後期中國宗教思想的發展。本文之作，旨在探討天概念在古代中國的演變。

天與帝的共同意義展示爲啓示者、審判者、統治者、造生者與載行者。這些當然是方便之辭，用來表現同一實體的不同樣態而已。啓示之天與審判之天總是同時並現，因爲啓示的內容正是天的審判。這兩種角色與商民族所信之帝毫無差別。天概念的新義，毋寧在於重點從神權到德治的轉移。德治理想表現於「天命」觀念，並體現於周文王身上。道德成爲君王的首要條件，甚至唯一條件。君王受尊爲「天子」，代天爲民父母。德治政體的最終基礎，實是下述信念：天是造生者與載行者，當然也是統治者。人類天生即有善性，但無法維持初衷。因此，君王必須同時具備老師的角色，以道德理想訓勉人民，而且他自身首先應該體現至高無上的道德。「皇極」或「大中」的象徵意符乃成爲君王的首要訓令與永恆理念。中國人自稱其國爲「中國」，雖有地理學上的因緣，但未始不暗含一種道德上的嚮向，對於原始的德治理想心嚮往之。

君王是天與人之間的中介。政治與宗教輻輳於君王一人身上。無怪乎隨著周朝的衰亡，天概念亦日漸式微。君王自稱「余一人」，但是忘記了這一尊稱所帶來的要求與職責。人民參與祭禮，但是不再表現誠敬的心態。宗教氛圍改變，周王朝也分崩離析了。政治與宗教的互動性在周朝歷史上鮮明展現。

「天子」若不可信，何不直接訴求於天？對廣大百姓而言，這是個痛苦的抉擇；對思想家而言，這是重新塑型天(即超越界)概念的機會。「天子」若不可靠，那麼人還有其他辦法維持他的天賦善性嗎？接著我們要問：究竟人性是什麼？人性如何與天發生關聯？天在自然界與人間世還扮演哪些角色？我們又能怎樣體認天的內在性？這些問題，儘管其程度不盡相同，皆爲當時思想家的主要關懷。在此一背景中，所謂的「哲學突破」乃自然亦必然地發生了。至少我們可以確知一事：無論天概念的轉變如何急遽，它從未被完全剝除傳統的各種角色。即使做爲蒼蒼之天，天對古人而言、對今人亦然，都表示那是「不僅如此」、「另有深義」的天。這也是本文以下的討論所要指明的要點之一。

第二部

原始儒家的天論

引言

本書第二部將討論原始儒家主要典籍中的天概念。所謂「原始儒家」，係指由孔子（西元前五五一—四七九年）所始創，孟子（約西元前三七一—二八九年）與荀子（約西元前三一三—二三八年）賡續發展，並集成於《易傳》與《中庸》的一個學派。《易傳》與《中庸》二書或許淵源甚古，然其現存版本分別出現於戰國（西元前四二三—二二一年）末期，與漢代（西元前二〇六年—西元後二二〇年）。由於上述儒家典籍的編訂前後綿延數百年之久，因此要想同時綜述各書通義與詳究各書要旨，是相當困難的事。然而，詳細探究的工作必須先進行，才能走到綜合敘述這一步。本書將分別探究以上各書，希望清楚闡釋各書中的天概念。至於綜合敘述的工作，也希望透過以「天」爲關鍵的討論以及其他相關概念的探討，而得到相當程度的結果。

本書第一部曾經指出：「天」在《詩經》《書經》中主要展示爲五種性格，就是：主宰者、造生者、載行者、啓示者與審判者。儒家各代表繼續使用「天」之名，但是並未一成不變地接受以上五種「天」的涵義。天概念的演變將在本書以下各章的討論中展現。我們將會發現，儒家共同接受的一點是：由傳統的天概念衍生而成的「德治」理想，進一步被轉化爲一種人倫道德上的理想。原先只屬於「天子」一人的道德要求，現在被轉化爲適用於一切人的普遍要求，亦即人人都應該以聖人與君子爲活生生的典範。然而，聖人與君子是何等人物？一個人要怎樣才能追隨他們的芳表？又爲何應該追隨他們？這些問題都與人類的終極關懷相屬，並且這種關懷又總是以某種方式與天概念相互連繫。所有的儒家代表都認識這些問題的重要性，只是他們各自循不同途徑、採不同的相關概念來答覆這些問題。

因此，我們在討論個別的儒家代表時，也將強調他們的相關概念。例如，談到孔子的天概念時，將不可避免地涉及他對禮與仁的看法。孟子與荀子都關心人性問題，但是由於分別強調仁與禮，而展現互不相容的天概念。《易傳》與《中庸》則分由不同途徑顯示了：人之道如何與天之道相符應。我們在適當地方會加以討論的相關概念還包括：道、神、聖人與君子。

爲了闡明古代中國「哲學突破」的共同背景，我們將首先討論足以代表春秋時代歷史的兩部典籍：《左傳》與《國語》。這個共同背景不僅適用於儒家，也適用於同一時期所創始的其他學派（如原始道家）。關於以下各章所討論的典籍，其眞僞與時代問題一直是錯綜複雜的。在這些方面，我們將採取學術界的最新研究成績與共同看法，並在必要時附以簡短的敘述。

本書以下僅以原始儒家與道家爲討論題材，亦須稍作說明。除了儒家道家以外，早期中國至少還有四派顯學存在，但是它們的天概念不若儒道二家來得重要與突出，例如：一、墨家是各學派中最保守的，因爲它執著於古代對全能、全知與全在的帝（或天）的信仰；但是墨子肆應天的態度卻有明顯的功利主義色彩。換句話說，他把天當做「解圍的神明」：當他的學說遇上無法解決的問題時，他就拉進天或帝來解圍。他的天概念固然具有宗教意味，但是更富於政治的與實用的色彩。並且這一學派在秦朝之後，也由中國的學術舞台上消失了。二、法家是著重政治理論的典型學派，其關心之事以穩定政權與富國強兵爲主。法家在需要形上學或宇宙論方面的基礎時，就由道家「老子」借用，並加以自己所需的註釋。三、名家注重邏輯思辨與語言分析，對於天概念並無眞正興趣。四、陰陽家與古代占星術有關，對於秦朝以後的中國頗有影響，本書亦不暇予以討論。

第四章 《左傳》與《國語》

隨著西周（西元前一一二二—七七〇年）王室的衰頹，政治權威與軍事力量逐漸爲諸侯所取代。諸侯之間互相爭雄，造成連年征戰的混亂局面[1]。在中國歷史上，這段時期稱做「春秋時代」（西元前七二二—四八一年），同時周朝王室仍維持表面的共主地位，並在東遷之後稱爲「東周」（西元前七七〇—二五六年）。春秋時代，社會開始動盪不安，傳統價值體系受到嚴重考驗。孟子曾痛陳其蔽：

> 世衰道微，邪說暴行有作。臣弒其君者有之，子弒其父者有之。[2]

---

1 孟子曾形容這個局面說：「春秋無義戰；彼善於此，則有之矣。征者，上伐下也；敵國不相征也。」（盡心下，二）。由於周王室無力節制諸侯，乃造成混亂的結果。

2 《孟子．滕文公下》，九。

社會規範與政治結構的崩解，也在意識型態的層次上清楚反映出來。筆者曾在討論《詩經》、《書經》天帝觀時，指出天概念如何逐漸喪失原始的尊榮地位，間或被用來指稱自然之天與命運之天[3]。天概念的轉變到了春秋時代乃更形急遽，造成史家所謂「哲學突破」的壯觀場面。[4] 重要學派如儒家、道家、墨家、法家、陰陽家等，所使用的關鍵概念及術語，泰半可以溯源於這個時代的思潮。

幸運的是，這個時代的歷史記載於兩部相當可信的著作中，亦即《左傳》與《國語》。《左傳》乃《春秋》的詳細疏解；《春秋》則在傳統上被當做孔子編纂修訂的六經之一[5]。至於《左傳》的作者是誰，則尚有爭議；不必一定是與孔子同時的左丘明[6]。重要的是，《左傳》是我國最早的史料之一，記

3 《詩經》中出現三處「命」字與命運有關。這一點在本書第一部「《詩經》、《書經》中的天帝觀」第三章裡已經指出。這三處詩作皆成於西周到東周的轉型時期，反映了傳統天概念的式微。有些學者主張，這個時期的「天命」觀念其實含有命運之義。參看傅斯年，《性命古訓辨證》，頁二二七；徐復觀，《中國人性論史》（台北，商務，一九七七），頁三八—四〇。

4 參看余英時，《中國知識階層史論》（台北：聯經，一九八〇），頁三〇—三八。

5 孟子相信《春秋》成於孔子之手。他說：「昔者禹抑洪水而天下平；周公兼夷狄，驅猛獸，而百姓寧；孔子成春秋，而亂臣賊子懼。」（滕文公下，九）。司馬遷在《孔子世家》甚至認爲春秋成於孔子一人之手，連子夏之徒亦「不能贊一詞」（史記，卷一七）。這種傳統看去並非定論。參看楊伯峻，《春秋左傳注》（中華，一九八一），卷一，〈前言〉，頁七—一八。

6 高本漢(Bernhard Karlgren)，《論左傳之眞僞考及其性質》(Göteborgs Högskolas Arsskrift XXXII, 1926)，頁六五；皮錫瑞，《經學歷史》，周予同注（上海：商務，一九三四），頁二〇；楊伯峻，《春秋左傳注》，〈前

載發生於西元前七二二年到四六八年之間的事蹟[7]。並且至少在秦朝統一之前（西元前二二一年），《左傳》已成書[8]。《國語》的編訂年代大體上應該與《左傳》相距不遠，理由有二：第一，《國語》所載許多事件，有時連角色與對話在內，與《左傳》所載完全相同；第二，從文法結構看來，《國語》比任何古代典籍都更爲近似《左傳》[9]。因此，爲求了解春秋時代的歷史，《左傳》與《國語》是兩部可信的典籍。

做爲史料來看，這兩部典籍並不代表某一學派、某一政權或某一國度的意識型態。它們也不曾爲任何重要概念提供系統的理論。我們所讀到的，毋寧是記載轉型時期多元觀念並現的資料。但是，細心的讀者仍可察知整個時代的脈動與趨向，然後設法理出頭緒。基於上述信念，本文將討論《左傳》與《國語》二書中的天概念。本文將指出：天概念如何喪失其原有地位，天的各項功能被什麼東西取代了，天如何蛻變爲蒼天、命運與「道」，以及天人關係究竟如何。

（續）言〉，頁三六—四〇。

7 高本漢，頁三—五；楊伯峻，〈前言〉，頁一九—二〇；洪業，〈春秋經傳引得序〉，收於《洪業論學集》（中華，一九八一），頁二二三—二二五。

8 高本漢主張，《左傳》編訂年代在西元前四六八年至三〇〇年之間（頁六五）；楊伯峻認爲應在西元前四〇三—三八六年之間（〈前言〉，頁四三）。最近出土的地下材料已經證實了《左傳》爲先秦作品。見張政烺，《春秋事語題解》，文物，一九七七，期一，頁三六—三九。

9 高本漢，頁六一。關於這兩部典籍的相似內容，見洪業，頁二七〇—二七七。

一、天的各種性格

我們曾經以造生者、載行者、統治者、啓示者與審判者來形容天的五個側面。這是古代中國人的共同信念。一旦進入春秋時代，我們的第一印象就是：天不再是王室與少數貴人的談話題材（如《書經》所見），也不再限於做爲百姓痛苦哀號的對象（如《詩經》的後期部分所見）。在《左傳》與《國語》中，天成爲普遍談論的話題，君臣之間，上層社會之間，甚至百姓之間，都在對話中談天說帝。我們從所有與天、帝有關的對話中，發現以下幾點事實：

第一，天與帝分開使用，逐漸成爲習慣。帝概念仍維持它在《詩經》、《書經》中的原始意義；亦即，帝仍被視爲至高主宰[10]。但是，在《左傳》與《國語》二書，帝總共只出現二十餘次；這種頻率不

10 這一點並不難證明。一方面，《左傳》徵引《詩經》之處，帝多維持原義，譬如：

(一)「不識不知，順帝之則」（左：僖九，襄三一）。

(二)「唯此文王，帝度其心」（左：昭二八）。

(三)「文王陟降，在帝左右」（左：襄三〇）。

另一方面，當時的人也在談論中使用帝的原義：

(四)「夷吾無禮，余得請於帝矣」（左：僖一〇）。

(五)「帝許我罰有罪矣」（左：僖一〇）。

僅與天(至少出現二百次)相距甚遠，比起「神」與「禮」二字也望塵莫及。帝字少見，或許由於下述原因：一、帝已被用於人王的俗稱[11]；二、帝概念的內涵過於狹隘[12]，因此用法受到限制；三、帝概念的外延可以被天含蓋(我並不是說，天維持了原義，而是天變得越來越廣含)；以及四、帝字的有限使用，也許反映了當時的人對於傳統所信的至上主宰抱著漠不關心的態度[13]。

第二，天逐漸喪失值得尊敬的地位。天固然含蓋了帝(代表至高主宰)的意義，但是這種意義的天主要還是用於《詩經》與《書經》的引文中[14]。我們從這些引文可以體察當時的共同心態。例如：

(續)

(六)「殺余孫不義，余得請於帝矣」(左：成十)。

這些引文顯示當時的諸侯可以直接訴求於帝，不必靠天子爲中介。這與新的政治情勢極有關聯。帝仍被尊爲群神之首，而群神實際臨現人間世，則是一項普遍的信念。參看錢鍾書，《管錐篇》卷一(中華，一九七九)，頁一八五。

11 例如，「周禮未改。今之王，古之帝也」(左：僖二五)。

12 我們曾經說明，帝概念所重者乃啓示者與審判者二義，對於造生者與載行者二義則並未凸顯。

13 此中原因或有二端：一是人們對於自身命運之日漸覺醒，二是道德的地位日益受到重視。分別參看森三樹三郎，《自上古至漢代的性命觀之展開》(東京，一九七一)，頁二八——二九；錢穆，《論春秋時代人之道德精神》，《論叢》卷一，頁二一三起。

14 例如，「皇天無親，唯德是輔」(左：僖五)；「民之所欲，天必從之」(左：昭一)；「天道賞善而罰淫」(國：周語中)；「天作高山，大王荒之」(國：晉語四)。

（一）敬之敬之，天惟顯思，命不易哉。（左：僖二二，成四）（此爲「左傳：僖公二十二年，成公四年」的簡寫）

（二）畏天之威，于時保之。（左：文四，文一五）

（三）胡不相畏，不畏于天。（左：文一五）

（四）敬天之怒，不敢戲豫；敬天之渝，不敢馳驅。（左：昭三二）

這些訓誡之詩，一再勸人要敬畏上天。由此可以察知，當時的人對天是漠然視之的。原來被稱爲「天子」的周王，現在竟被稱爲「天王」[15]。稍後，甚至吳王亦被他所擊敗的越國奉承爲「天王」[16]。

第三，天成爲許多戰爭與惡行的「藉口」。天在《左傳》《國語》二書出現的次數極多，但是至少有半數的天被拿來當做攻城掠地的理由或現實情況的說明。譬如，以天做爲攻城掠地的理由：

（一）天禍許國，鬼神實不逞於許君，而假手于我寡人。（左：隱一一）

（二）天誘其衷，啓敝邑之心，陳知其罪，授手于我。（左：襄二五）

15　例如，左：桓二；昭一。

16　國：吳語。

(三) 天其或者欲使衛討邢乎。(左：僖一九)

(四) 天將假手於楚以斃之。(左：昭一一)

又如，以天做爲現實情況的說明：

(五) 不知天之棄魯耶，抑魯君有罪於鬼神，故及此也。(左：昭二六)

(六) 天若祚大子，其無晉乎。(左：閔一)

(七) 是天奪之鑒而益其疾也。(左：僖二)

(八) 天之假助不善，非祚之也，厚其凶惡而降之罰也。(左：昭一一)

這兩種用意的天，瀰漫於春秋時代。我們從這些對話中嗅不出半點宗教的虔敬氣息[17]。天不再是絕對正義，轉而淪爲人間判斷的口實，而人間判斷又往往由赤裸裸的武力所決定。在這種情形下，我們難免會問：天的結局就是這樣嗎？天的原始意義完全喪失了嗎？答案是否定的。天概念確曾歷經實質的轉變，

17 這個時代已可見到無神論與素樸自然論的出現。參看關鋒、林聿時，《春秋哲學史論集》(一九六三)，頁一八九—二一四。

但是上述用法對於此種轉變並無多大影響。在進一步討論天概念的新發展以前，我們必須闡明兩個相關的概念：神與禮——因爲它們各自代行了天的重要功能。

二、神的角色

中國古人相信神祇（或鬼神）與至上神（天或帝）是並存的。神祇受享人間獻祭，做爲天人中介。但是，要到春秋時代，神祇的角色才凸顯出來。除了少數迷信的說法以外，神祇的性格與地位對當時的人是相當明確的。我們願意列出以下三點觀察。

第一，神祇的來源並不神秘。神祇是否受造之物？這個問題並不存在。因爲一切神祇都是由現實世界的人物轉化而成的。不僅祖先神如此，自然神亦復如此。祖先神無疑是由祖先之靈化生的[18]。但是，

18 例如：
(一)神不歆非類，民不祀非族。（左：僖一〇）
(二)鬼神非其族類，不歆其祀。（左：僖三一）
(三)言孝必及神。（國：周語下）
(四)夫鬼神之所及，非其族類，則紹其同位。（國：晉語八）

自然神呢？有些記載似乎暗示山川本身即爲神，好像這是原始的自然物崇拜之遺俗[19]。事實上不盡如此。《國語》所載孔子的一句話，提供了極有價值的解釋。他說：「山川之靈，足以紀綱天下者，其守爲神；社稷之守者爲公侯。皆屬於王者」（國：魯語下）。因此，當時的人至少也能接受自然神源自現世人物的說法。這種說法極有意義，因爲「神」與「鬼神」二名常可互換使用，以代表所有神祇[20]。假使自然神異於祖先神，與現世毫無淵源，那麼這一共名之用法就會帶來許多疑義[21]。

第二，神祇的性格相當確定。《史記》曾讚美堯：「其仁如天，其智如神。」[22]中國人遠古以來似乎就相信神祇是明智的。這種信念在春秋時代極爲普遍。像「夫神以精明臨民者也」（國：楚語下），「精爽至於神明」（左：昭七）等語。神人之中介爲巫，其條件爲具備「智、聖、明、聰」（國：楚語下），可見明智確爲神之第一特色。最後，「明神」竟成爲一專有名詞，屢次出現於對話中。

---

19 有些例句以「山川」受享祭祀，其地位且優於群神：
(一)名山名川，群神群祀，先王先公。（左：襄一一）
(二)昔我先王之有天下也，規方千里以爲甸服，以供上帝山川百神之祀。（國：周語中）
引文(一)之「山川」可解爲「山川之神」。參看楊伯峻，頁九九〇。

20 「鬼」、「神」與「鬼神」三詞在春秋時可互換使用。見錢鍾書，卷一，頁一八三—一八四之討論。

21 此並非「不可理喻」，而只是「頗有疑義」。自然神若與現世無先具關係而仍與聞世事，固然是可以理喻的；但不易說明其中介性格（在天人之間）與順應行爲（符合人民公意）。

22 《史記》，卷一：五帝本紀。

其次，我們讀到：「神，聰明正直而壹者也，依人而行」（左：莊三二）[23]。由於正直無私，明神可以代行天功。換句話說，明神扮演「審判者」的角色，觀察人世的善惡。這一點稍後再談。對人民而言，神的性格中最有意義的一點是：神總是順應人民的願望。神（天的代理）與人民現在成爲君王的雙重檢訂原則。這種想法非常流行[24]。爲了防止君王重神輕人，有些對話特別著重人的地位，因而透顯一種人文主義的意味。下面一句話可爲代表：

> 夫民，神之主也。是以聖王先成民，而後致力於神。……於是乎民和而神降之福，故動而有成。（左：桓六）

這種人文主義的意味，究其本原，是傳統德治理念的衍生後果[25]。神祇並非盲目順應人民的一切作爲，而是「依德而行」。「鬼神非人實親，惟德是依」（左：僖五）。神的這種性格簡直就是天的翻版，因此

---

23 所謂「依人而行」，係指依人之行爲善惡而定其行止。或逕指依人之「德」而行。後解，見竹添光鴻，《左傳會箋》（台北：廣文，一九六一），卷三，頁九四。

24 例如，見左：成一，昭一、四、七、三〇，襄二七，桓六。

25 這種想法頗爲符合周人的正統觀念。見傅斯年，頁三〇六。

可以勝任「審判者」的角色，替天行道[26]。

第三，神祇的功能非常緊要。對於國家的命運，神祇扮演觀察者的角色。「國之將興，明神降之，監其德也。將亡，神又降之，觀其惡也」（左：莊三二）。國與國之間締結盟約時，也總是呼求明神以爲見證：「有違此盟，明神殛之。」[27]人們還相信神祇執行天的懲罰[28]，有權寬赦君王的惡行[29]，並且接受人民的訴求[30]。所有這些功能都可以概括在「審判者」名下。然而，神祇畢竟不等於天；我們由兩方面看出：一、神祇不能完全擺脫「祭以祈福」的約束力量，因此有些君王妄圖以奢侈的祭品向神邀福[31]；二、神祇仍須等待君王的「匡正」[32]，不然就有陷入歧途的危險[33]。這兩大缺陷反映了一種迫切

---

26 汪中指出，《左傳》之所以說鬼論神，是爲了「誡勸」人民。見汪中，《述學》（台北：廣文，一九七〇），〈內篇二〉，頁二—五。錢鍾書亦談及此點，見其卷一，頁一八二。

27 類似的盟誓，見左：成一二，襄九、一一，僖二八。盟約內容極爲可信。近年出土的一份手稿，記載西元前三八〇年的一項盟約，內容與此極近。見郭沫若，〈侯馬盟書試探〉，《文物》一九六六，期二，頁四—六。

28 「天之刑神」一詞，見於國：晉語二。

29 試看：「我先王熊摯有疾，鬼神弗赦，而自竄于夔」（左：僖二六）。

30 試看：「無神何告；若有，不可誣也」（左：襄一四）。

31 例如：「吾享祀豐絜，神必據我」（左：僖五）。

32 君王的任務是匡正鬼神、人民與萬物。見國：周語一。這種信念反映了古代以君王爲天子，爲絕對正義的化身。

33 此一危險可稱爲「民神雜糅」（國：語下）。至於鬼神之不智與不義的例子，亦有數見。參看錢鍾書，卷一，頁一八二—八三。

的需要：必須重建天的概念。以下我們還會回到這一點。

三、禮的功能

春秋時代的人相信，禮是遠古製訂流傳下來，並為先王所遵行者[34]。當時各國所循之禮仍為周禮[35]。晉侯使韓宣子見禮於魯，韓氏贊曰：「吾乃今知周公之德，與周之所以王也」（左：昭二）。周公其實正是周初發揮「天命」理論的代表，而周禮成於周公之手；由此可以想見天與禮之間必有特殊關聯。《書經．皐陶謨》曾載：「天敘有典，勑我五典五惇哉。天秩有禮，自我五禮有庸哉。」[36]可見禮源出於天。《左傳》亦云：「禮以順天，天之道也」（文一五）。做為天之道，禮主要扮演「載行者」的角色[37]。以下我們申論此義。

第一，《左傳》中經常談到禮的本質，含意相當明確：

---

34 見左：昭三、二五、二六。

35 「周禮」一詞見左：文一八，閔一，僖二一，昭二。參看竹添光鴻，〈序〉，頁二。

36 《書經．皐陶謨》，頁六二。

37 參看徐復觀，頁四八—五〇。

（一）（禮：）先王所稟於天地，以爲其民也。是以先王上之。（左：昭二六）

（二）夫禮，天之經也，地之義也，民之行也。天地之經，而民實則之。（左：昭二五）

（三）禮，上下之紀，天地之經緯也，民之所以生也。是以先王尚之。（左：昭二五）

「天地」並用以代表相對應的兩種實體，在周初文獻極爲罕見[38]。天地並稱之天，總是指的蒼蒼之天[39]。但是這個蒼蒼之天並非「僅此而已」，因爲天並未完全喪失原始的豐富指意。事實上，經過這種用法，「地」被提升到更高的層次[40]，與天合稱整體存在界——人類生存其中，自然亦須由之學習如何生存之道。禮，就是人類學自天地，以做爲國家與人民的「載行者」。

其次，在載行維繫一國的存在時，禮自然對政治產生關鍵的影響。禮被視爲「國之幹」（左：襄三〇），它是「王之大經」（昭一五）。禮是君王藉以「守其國，行其政令，毋失其民」的寶貝（昭五）。再看，「禮，經國家，定社稷，序民人，利後嗣者也」（隱一一）。因此，禮的成效攸關國家的存亡。魯國

---

38 《書經・泰誓上》：「惟天地萬物父母」（頁一五二）：周官：「寅亮天地」（頁二七〇）。但這兩篇皆非周初之作。見屈萬里，《尚書釋義》，〈序論〉，頁一二——一三。

39 《詩經・小雅・南山》：「謂天蓋高，不敢不局；謂地蓋厚，不敢不蹐」（頁三九九）。

40 試看：「君履后土而戴皇天，皇天后土，實聞君之言」（左：僖一五）；「我食吾言，背天地也；重怒難任，背天不祥」（同上）。可見天地皆可聞人之言，並定人吉凶。

積弱而能苟存，乃是因爲諸侯相信「魯不棄周禮，未可動也」（閔一）。國家有禮則不致失敗（襄二六），國家無禮則註定滅亡（昭二五）。

第三，禮與人之間有直接的關係。「夫禮，所以整民也」（莊二三），因爲禮是「人之幹也，無禮無以立」（昭七）[41]。不僅如此，禮還是「死生存亡之體」（定一五）。毋怪乎《詩經》中的一句話「人而無禮，胡不遄死」出現在《左傳》不止一次[42]。禮確實扮演了「載行者」的角色。承繼天之德治含意，禮與人的道德也密切攸關。禮與親、善，同稱爲三德（國：晉語四）。我們由禮以觀「忠、信、仁、義」（國：周語上）。禮的效用涵蓋了人倫的一切層次：

君令臣共、父慈子孝、兄愛弟敬、夫和妻柔、姑慈婦聽，禮也。（左：昭二六）

縱使禮體現了天的「載行者」一面，並在春秋時代備受強調，但是「禮壞樂崩」的局勢還是無可否認的史實。這件史實引發了人文主義的覺醒[43]以及對天概念的重新了解。我們先談後面這一點。

41　我們立即想到孔子所強調的「不學禮，無以立」。這一點在專論孔子時再談。

42　例如：左：昭三，定一〇。參看楊伯峻，〈前言〉，頁五七。

43　參看徐復觀，頁四七—四九。

四、對天的新認識

前面說過，「天地」並稱係指整體存在界而言，譬如以萬物皆由天覆地載[44]。至於「天地」的內含則可分別了解。《左傳》曾說，「天有六氣」[45]及「天生五材」[46]。「五材」又名「五行」，通常以其屬於地之所生[47]。「氣」概念則逐漸用為代表天地的本質[48]，並由此衍生「天地之氣」一詞[49]。氣恒在變化之中，因此隨後又以相反相成的兩個要素「陰」與「陽」來界定氣的內含[50]。「陰陽」這一對概念影響《易傳》極大，後來演變為陰陽家的基本理論根據。

---

44 參看左：襄一四，襄二九。

45 六氣是：陰、陽、風、雨、晦、明。見左：昭一。

46 五材或五行是：金、木、水、火、土。見左：襄二七。有關五行內容的不同說法，見關鋒、林聿時，頁二〇九——一一。

47 見左：昭二五。國：周語三（韋昭之注）。

48 田中勝造在〈神、氣、道、天〉一文中指出，這四名皆代表一種神性力量，其中涵蘊生命本質並由之塑造萬物，雖然它們都是無形、無聲與無象的。見《東方宗教》，期一二（一九五七，七月），頁四九。

49 參看國：周語一，周語三。

50 參看國：周語一，周語三。

然而，在《左傳》與《國語》二書，「天地」的鮮明特色卻是其中含蘊了常則常法。例如，君王若不能遵行「天地之度」與「四時之序」，則必將自取滅亡（國：周語下）。「必有以知天地之恒制，乃可以有天下之成利……因陰陽之恒，順天地之常」（國：越語下）。從這幾句片語中，我們不難察知天地之常與自然法則的關聯；但是這種自然法則與人類仍保持密切的互動關係。譬如伯陽父的一段話：「周將亡矣！夫天地之氣，不失其序；若過其序，民亂之也」（國：周語上）。我們不認爲這是古代迷信的殘留，只能說當時尚未出現純粹自然主義的天地概念。

當然，我們可以找出許多例子，其中的天頗有迷信傾向。這些例子又可分爲兩類。一是判斷一國的命運，測定它的存在年限。像「成王定鼎于郟鄏，卜世三十，卜年七百，天所命也」（左：宣三）。這種想法與傳統所珍惜的「天命依德而定」不能相容；接著《左傳》甚至說：「周德雖衰，天命未改」（左：宣三）。春秋時人大體相信，若一國背離天道，則其大限不會超過五年[51]。第二類例子是以五行定吉凶。一國之命屬，爲五行之一，其隕亡亦與此元素直接有關。這種相對應的現象，亦被稱爲「天道」[52]。

這兩類例子都不算眞迷信，因爲後起的陰陽家爲它們提供系統的理論基礎，並由此影響了中國人對

51　參看左：襄二〇，昭一；國：越語二。

52　例如：「商人閱其禍敗之舋，必始於火，是以日知其有天道也」（左：襄九）；「陳，水屬也；火，水妃也，而楚所相也……而後陳卒亡，楚克有之，天之道也，故曰五十二年」（左：昭九）。

歷史的了解與詮釋。爲了凝聚本文的焦點，我們還是轉向一個較有潛力的概念：天道。

「天道」一詞，就像「天地」，並未出現於周初典籍[53]。「道」的原義是指「所行之路」，領人走向某一目標[54]。引伸爲達到任何目的的途徑[55]。《左傳》與《國語》就曾出現「人之道」、「國之道」、「天之道」、或者僅稱「道」這一類的術語[56]。我們不難發現，「道」具有道德含意，亦即所指爲正當之道或應行之道，而非中立之道。

尅就「天道」一詞而論，情況卻頗爲複雜。這或許因爲「天道」是春秋時代新近使用的名稱使然。有些人以天爲征伐的藉口，並以征伐的結果爲天道[57]。另有些人則以天道爲表示一國之命運由五行決定[58]。這兩種用法在本文中無關緊要。我們相信，當大政治家子產說：「天道遠，人道邇。非所及也，何以知之？」（左：昭一八）他所要駁斥的正是這一類型的「天道」用法。子產的話誠然具有人文主義的

53 《書經・湯誥》：「天道福善禍淫」（頁一一二）；〈泰誓〉：「天有顯道，厥類惟彰」（頁一五六）；〈畢命〉：「世祿之家，鮮克由禮，以蕩陵德，實悖天道」（頁二九二）。這三篇大概亦非周初之作，見屈萬里，《尚書釋義》，〈序論〉，頁一二—一三。

54 許慎、段玉裁，《說文解字注》，頁七六。

55 同上。

56 參看國：晉語一、八、九，吳語；左：莊四，桓六，定五。

57 參看左：昭九、一一、二七。

58 參看左：昭九，襄九；國：周語三。

意味，但是他的主要動機卻在反對以迷信方式來了解天道[59]。

那麼，對天道比較合理的解釋又有那些呢？我們先引述相關語句如下：

(一)禮以順天，天之道也。（左：文一五）
(二)忠信篤敬，上下同之，天之道也。（左：襄二二）
(三)盈而蕩，天之道也。（左：莊四）
(四)盈必毀，天之道也。（左：哀一一）
(五)在易卦，雷乘乾曰大壯，天之道也。（左：昭三二）
(六)川澤納汙，山藪藏疾，瑾瑜匿瑕，國君含垢。天之道也。（左：宣一五）
(七)天道盈而不溢，威而不驕，勞而不矜其功。（國：越語下）
(八)天道皇皇，日月以爲常，明者以爲法，微者則是行。（國：越語下）
(九)天道不諂不貳。（左：昭二六）
(十)天道賞善而罰淫。（國：周語中）

59　這種意義的天道只與人的吉凶有關；它並未觸及做爲人性來源的「天命」。見錢大昕，《十駕齋養新錄》（台北：世界，一九六三），卷三，頁五。駁斥這樣的天道，正可以顯示人的地位逐漸受到重視。見傅斯年，頁三二六—二八；童書業，《春秋左傳研究》（一九八〇），頁二一三—一四。

(十一) 夫天道導可而省否。(國：周語下)

(十二) 天道無親，唯德是授。(周：晉語六)

上述引文(一)(二)直接與「禮」有關。禮若代表天的「載行者」角色，則這兩句話中所謂的天道是名正言順的。禮在中國社會的結構中扮演關鍵角色，實有極古淵源。引文(三)(四)可能得自實際觀察自然法則[60]，但是以如此明確的語言表達，則值得注意。我想，它們或許源自《易經》。引文(五)則顯然錄自《易經》之文。《易經》(不含《易傳．十翼》)曾屢爲《左傳》引述，但豐富含意仍須等待《易傳》闡明。

引文(六)(七)(八)使我們想起道家經典《老子》一書[61]。但是《左傳》、《國語》與《老子》究竟孰先孰後，卻難以遽下判斷。最後，引文(九)(十)(十一)(十二)則紹承《書經》、《詩經》所揭示之傳統的德治理想。這種用法的「天道」是「天命」的合法後嗣，但是它的重點已經轉到「道」的常法上，不再保持天的擬人性格了。

以上四種天道觀在春秋時代並行不悖。先秦各家泰半自此推演其學說立論。本文將繼續討論儒道二

60 李杜，《中西哲學思想中的天道與上帝》(台北，聯經，一九七八)，頁五五。

61 例如在引文(六)的註解中，曾有人提及老子之名。見竹添光鴻，卷二，頁三七。

家。在進行此一工作之前，不妨簡單談談《左傳》與《國語》中的人性觀，因爲人性問題日益成爲各家注目的焦點。

五、人性：一個初步反省

古代中國人相信天生烝民並委任君王代行天工；春秋時人並未忘懷此一信仰[62]。天爲仁慈主宰，因爲子產有言，「爲溫、慈、惠、和，以效天之生殖長育，」[63]因此人性原應是善。問題還是一樣：如何保存人的善性？傳統上認爲這是君王的職責，春秋時人大體上亦從此說[64]。但是，人之禍福操之在己的觀念更形明確，如劉康公的名言：「民受天地之中以生，所謂命也。是以有動作禮義威儀之則，以定命也。能者養之以福，不能者敗以取禍」（左：成一三）。這裡的「命」似指「人性」，而「定命」則指人性須受禮之規範。不論人性原本是善或惡，它總是需要時時匡正的。此外，我們看到許多誡勸百姓的話，像「人誰無過？過而能改，善莫大焉」（左：宣二）。「夫民勞則思，思則善心生；逸則淫，淫則忘

62　見左：文一三，襄一四。

63　見左：昭二五。有關孔子以前的人性觀的討論，見高田眞治，《支那思想之研究》，頁三六—四六。

64　參看左：襄一四，國：魯語一，周語一。

善，忘善則惡心生。」（國：魯語下）還有一句孔子引述的名言：「克己復禮，仁也。」[65]這些訓誡的用意都在指出一條凡人可以遵行的大道。但是系統的鋪陳還須等待儒家來完成。

春秋時人開始談到「不朽」的問題[66]。所謂「三不朽」是指：立德、立功與立言[67]。「不朽」概念與古代的鬼神信仰並無多大牽連。然而，死後賞罰的問題未見討論，來生轉世的問題也未見提及。立德、立功與立言之所以使人不朽，蓋因其對社會產生長遠的影響[68]。隨著人的自我意識逐漸覺醒，各種思想趨勢紛至沓來，其中兩種值得注意：一是主張初步的理性論，反對一切無稽的迷信[69]；二是顯示某種懷疑論傾向，像孟孝伯所云：「人生幾何，誰能無偷，朝不及夕，將安用樹？」（左：襄三一）。在這種動盪不安的思潮背景上，先秦諸子得以綻放異采，實是理有所趨而事有必至！

---

65 參看左：昭一二。有關「克己復禮」一語的詳細討論，見本書下一章。

66 例如，左：襄二三，成三；國：晉語八。

67 參看左：襄二四。

68 參看胡適，〈中國思想裡的不朽概念〉("The Concept of Immortality in Chinese Thought")，見《哈佛神學院學報》(*Harvard Divinity School Bulletin*)一九四五—四六，頁四〇—四一。

69 例如，楚昭王曾說：「不穀雖不德，河非所獲罪也，遂弗祭。」《左傳》接著記載：「孔子曰，楚昭王知大道矣，其不失國也宜哉」（左：哀六）。又如，「國之守龜，其何事不卜，一臧一否，其誰能當之？」（左：昭五）。這些都是春秋時人擺脫迷信、重視理性的明證。

第五章
孔子

春秋時代禮壞樂崩，政治制度、道德規範與宗教精神都陷入嚴重的混亂局面。古代中國的「哲學突破」便以此爲背景，轟轟烈烈地展開了[1]。中國哲學的第一度高潮——九流十家——無不溯源於此。當然，哲學突破不能自外於政治、經濟與社會因素的影響，但是從意識型態的觀點看來，我們還是可以說：這一突破直接與「天」概念的演變密切相關。換句話說，當時的思想家之所以各據一說，主要是根據他們對天概念(亦即，代表萬物本源)的不同理解。譬如，儒家批判地繼承了傳統的天概念；墨家頑固地

1　有關中國古代哲學突破的討論，參看余英時，《「哲學突破」與中國心靈》(*The "Philosophical Breakthrough" and the Chinese Mind*)。(此文以英文寫成，爲筆者一九八一年春季在耶魯大學選修余先生「中國古代宗教與社會」一課時，所獲贈的參考資料)類似看法亦見於余英時，《中國知識階層史論》(台北：聯經，一九八〇)，頁三〇——三八。

執著於天概念的一面；道家則徹底轉化了天概念。

本文作者在這一系列研究中特別注重儒家，因爲儒家本身的發展不僅先後承續，而且系統分明，對於天概念更保持一貫的關懷，最後並推演出一套連繫天人的哲學理論。一般而言，儒家是從自然世界的觀點來了解「造生之天」(Creator)與「載行之天」(Sustainer)，亦即把天當做創化不已的自然界。另一方面，儒家從人文世界的觀點來體認「啓示之天」(Revealer)與「審判之天」(Judge)，亦即以天爲基礎來建立人類道德的普遍與絕對要求。這種雙向分論的目標，兼具理想主義與實用主義的色彩。一個人假使把天賦潛能完全發揮，那麼不僅可以成全自己，也可以改善人類世界(這是就實用方面的成效而言)；更重要的是，他還可以達到天人合德的境界(這是就理想方面的期許而言)。天人合德是中國哲學的至高目標。

在討論原始儒家的內容時，我們將以下述五部著作爲代表：《論語》、《孟子》、《荀子》、《易傳》與《中庸》。爲了解儒家始祖孔子(西元前五五一—四七九)的思想，最可靠的材料仍是《論語》一書。《論語》並非系統著作，而是簡短對話與扼要評論的合集。這些對話與評論透露出一種對所有人共同有效的道德要求。每一個人都「應該」進德修業，相期以完美的程度。這種「無上命令」在孔子與後代儒家的哲學中生動可見。據《詩經》、《書經》所載，古代中國人從未忽略道德要求之必須性，但是這種要求主要是加在「天子」，亦即德治政體下的君王身上的。現在，孔子想要指出：人人都有這種道德意識，因爲所謂的「禮」(合指禮樂)正代表了「人之道」。孔子的終極關懷就在於承「禮」啓「仁」，爲中國人奠下生存所需的文化理念。做爲新的文化理念，「仁」與「禮」一樣廣含；「仁」若用於人類世界，則與「天」更非毫無關聯。孔子思想中若有任何人文主義或理性主義的因素，則必定表現於天人互相依存的關係上；他的理性主義絕不局限於抽象的思辨世界。

本文將依次討論：一、在孔子以前的中國與孔子本人的思想中，「禮」是一個統合的範疇；二、對孔子而言，「仁」也是一個統合的範疇；三、「禮」與「仁」之間的衝突對立是不必要與無法證實的；四、「天」是貫穿「禮」與「仁」的線索，並且顯示了孔子本人的終極關懷。

一、禮

古代中國文化係由許多初級文化混融發展而成[2]，但是根據考古學與文獻資料的證明，我們仍舊可以肯定「夏—商—周」的傳統代表了這一文化的主體[3]。孔子本人的教育與信仰奠基於這個傳統，他的思想及使命也是由這個傳統發展開來的。那麼，這個傳統是什麼？一言以蔽之，就是「禮」[4]。然而，

2 參看「中國神話學」，《大英百科全書》（第十五版，一九七四年），頁四一〇。

3 余英時，《中國心靈》，頁九。

4 筆者曾在本書上一章討論《左傳》《國語》中的天概念一文中指出：自周公以來，禮就已經成爲天的體現了。我們主要基於這種了解，認爲禮代表了傳統。至少這種看法是春秋時人所能接受的。參看山室三良，《儒教與老莊》（東京：明德社，一九六六），頁九一；芮逸夫〈禮是中國傳統中理想的文化範型〉（"Li As Ideal Patterns of

這個「禮」並非單義名詞，它本身在歷史行程中幾經轉變，已經拓寬爲統合全盤存在界的超級概念了。在孔子以前的中國，「禮」涵蓋了中國人生命之宗教面、政治面與道德面。我們可以將「禮」的意義歸納爲以下三點：一、統合的理念，二、文化的傳統，三、具體的儀節。若從比較文化的眼光來看，則「禮」與耶格(W. Jaeger)所云的「派德亞」(Paideia)最爲類似[5]。耶格以「派德亞」形容希臘文化的理想，亦即今人所謂的「文明、文化、傳統、文學、教育」等，但是這些名稱還是無法恰當描述「派德亞」的豐富內含[6]。

從字源學看來，「禮」包括兩部分：「從示，從豊」。「示」代表一切與神祇有關之物；「豊」則

(續)

Culture in Chinese Tradition")，《歷史語言研究所集刊》卷四十，期二，一九六九，頁八一五—二四；余英時，《史學與傳統》(台北：時報，一九八二)，頁三七。

5 筆者在寫成本文英文初稿後，曾以〈孔子思想的宗教向度〉(The Religious Dimension in Confucius' Thought)爲題發表於《中山學術論叢》(臺大)第二期，一九八一。當時已明確指出「禮」與「派德亞」的類似性。後來正式撰寫本文時，讀到費爾(N. E. Fehl)的《禮：文學與生命中的禮節與禮儀》(*Li: Rites and Propriety in Literature and Life*)(香港：中文大學，一九七一)，頁八一，發現他將孔子在《論語》中所談的「禮」與希臘的「派德亞」加以比較。唯本文所論之「禮」係指孔子以前及包括孔子在內的中國傳統上的禮概念，範圍較費爾所論更廣。

6 耶格(Werner Jaeger)，《派德亞，希臘文化的理想》(*Paideia: The Ideals of Greek Cultue*)，亥俄特(G. Highet)英譯(紐約：牛津大學出版社，一九四五)，卷一，作者小註。

寫象祭祀時二玉在器之形[7]。稍後，許愼《說文解字》說：「禮者履也，所以事神致福也。」[8]由此可見，「禮」的原義是指「宗教上的祭祀」[9]，而這種祭祀可以溯源於「自有生民以來」[10]。因此，我們可以形容古代中國人是「重祭禮的存有者」[11]。這種詮釋在當代西方宗教學家看來，是極有根據的。譬如，耶魯大學的杜普瑞(L. Dupré)在《人的宗教向度》(*The Other Dimension*)一書亦主張：古代人類，並無聖界與凡界之分，眞正存在的只是一個世界，向度不同而已；人類一切行爲皆具有宗教意涵[12]。又如懷

---

7 王國維，〈釋禮〉，見《觀堂集林》，卷六，頁二〇九起。

8 許愼、段玉裁，《說文解字注》，頁二。

9 朱熹，《近思錄》(見陳榮捷譯，紐約：哥倫比亞大學，一九六七，頁三六七)。

10 《後漢書》，卷一七，〈祭祀志上〉。近人在這方面的研究値得參考，譬如費爾主張：禮是人類「藉以維持他與圖騰神靈的關係之方法；這些神靈包括(一)完成創世工程的神祇，他們曾經幫助人類克服自然界的重重險阻；(二)祖先，亦即氏族品德(生命力、繁殖力、活動力)的來源；以及(三)人們信奉之神祇，因爲祂克服了人類最後的敵人——死亡，人類終將進入祂的國度。『禮』是人類踏上這一旅程的預備工作，也是離去的人與暫時倖存的人之間的盟約。」見費爾，頁二一四。

11 參看芬加雷(Herbert Fingarette)，《孔子：以俗爲聖》(*Confucius —the Secular as Sacred*)(New york: Harper & Row, 1972)，頁一五。

12 杜普瑞(Louis Dupré)，《人的宗教向度》(*The Other Dimension*)(New York: The Seabury Press, 1979)，頁一二七—三六。

德海的高足郎格(S. Langer)認爲：祭祀是人類與生俱來的本能，絕非外塑於人的[13]。假使勉強以一個名詞來形容這個階段的中國心靈，我想，「萬有在禮論」(Panenliism，亦即萬有在禮，禮在萬有)頗爲適合[14]。古籍提供了許多例證，像《左傳》所載：「禮，上下之紀，天地之經緯也，民之所以生也，是以先王尙之。」[15]「夫禮，天之經也，地之義也，民之行也。」[16]禮是涵蓋天地人的統合範疇。

禮，原是祭祀的儀節，以宗教性爲其首要意義，但其外延則逐漸擴展到宗教範圍之外。就禮之「萬有在禮論」的原始內含而言，它是涵蓋一切的；但是必須等到周公，禮之政治性與道德性意義才彰明於世。周公制禮作樂，使禮的範圍擴及政治制度與人類行爲的普遍規範[17]。

譬如，在政治方面，「禮，經國家，定社稷，序民人，利後嗣者；」[18]以及「禮，所以守其國，行

---

13 郎格(Susan Langer)，《哲學新關鍵》(坎貝里志：哈佛大學出版社，一九七八)，頁四八起。

14 「萬有在禮論」與「泛禮論」二名之分，可參考「萬有在神論」(Panen-theism)與「泛神論」(Pantheism)二名之分；後者在哈桑(Charles Hartshorne)的著作中曾有詳盡討論。譬如他的《懷德海哲學》(奈伯拉斯加大學出版社，一九七二)，頁一八九起。

15 《左傳．昭公二十五年》。

16 同上。

17 徐復觀，《中國人性論史》，頁四三。關於周公制禮的重大意義，見錢穆，《周公與中國文化》，收於《中國學術思想史論叢》，卷一，頁八三—九八。

18 《左傳．隱公十一年》。

其政令，無失其民者也。」[19]在道德方面，「君令臣共，父慈子孝，兄愛弟敬，夫和妻柔，姑慈婦聽，禮也；」[20]以及「禮，所以觀忠信仁義也。」[21]

禮的政治性與道德性雖然到周公時代才展現，但這絕不表示禮的原始宗教性被取代了[22]。相反的，這只是禮的統合範疇隨時代需要所作的展示。我們由此可以避免以下兩種不必要的假設：一、禮的宗教性與禮的道德性、政治性之間，存在著某種對峙張力；二、春秋時代稱為「禮的世紀」，完全是因為禮的宗教性式微了[23]。基於這種認識，思想史家所云「一切古代文化之中，以中國文化之突破『最為溫和』與『最為保守』」[24]，才可以站得住腳。

禮的開展，顯然以其宗教性為底基；正由於忽略、遺忘了這種宗教性，才造成「禮壞樂崩」的現象[25]。

19 《左傳·昭公五年》。

20 《左傳·昭公二十六年》。

21 《國語·周語上》。

22 徐復觀，頁五一。

23 同上，頁四七。

24 余英時，《中國心靈》，頁一。

25 「禮壞樂崩」的危機意識，瀰漫於春秋時代。當此時代，禮逐漸喪失其宗教內含，而其做為制度及形式上的功能則極受強調。見費爾，頁二一六—一七。

禮的宗教性一旦喪失，餘下的具體儀節只能被統治者用來畏其臣民，使不踰法[26]，而祭祀的眞正價值也只是用來鞏固人民而已[27]。如此，禮成爲一種工具或手段，喪失原始涵義，只剩下外在形式而已。這正是「禮壞樂崩」的困境，也正是孔子所深以爲憂的。

據《論語》所載，孔子不僅知禮，而且愛禮。「禮」字在《論語》出現七十四次，僅次於仁字。「仁」一向被視爲孔子最偉大的創作[28]，但是進一步分析將可發現「仁」正是「禮」之革新，或者更恰當地說，「仁」正是「禮」原先所是的一切。在由「禮」到「仁」之歷史性轉換中，其文化理念（「派德亞」）是同一的。孔子既然深愛「禮」，爲何又以「仁」取而代之呢？爲了解這個關鍵問題，我們不妨先看看孔子如何努力嘗試復興「禮」。

首先，在政治方面，孔子強調「禮」仍然是治國的最佳途徑。如「爲國以禮」（論語：先進；以下但稱篇名），「上好禮，則民莫敢不敬」（子路），「上好禮，則民易使也」（憲問），「道之以德，齊之以禮，有恥且格」（爲政）。

其次，在道德方面，孔子主張禮是許多品德的判準，如「恭而無禮則勞，愼而無禮則葸，勇而無禮

26 《左傳．桓公二年》。

27 《國語．楚語》。

28 此一數字係根據楊伯峻《論語譯注》（中華，一九六二）的附錄〈論語詞典〉所載，頁三一八。

則亂，直而無禮則絞」（泰伯）[29]。至於要想達到「成人」的境界，也是非「禮」不可：「若臧武仲之知，公綽之不欲，卞莊子之勇，冉求之藝，文之以禮樂，亦可以爲成人矣」（憲問）。不僅如此，人若想「立」，也唯有立於「禮」。孔子教訓自己的兒子：「不學禮，無以立」（季氏）。「禮」與「立」的關係在另外兩處（泰伯、堯曰）也直接談及。我們再回想孔子的自述：「三十而立」（爲政），可知他自幼習禮到三十歲通禮成人。這個「立」當然也是「立於禮」。

然而，這一切努力假使不能奠基於禮的宗教性涵義，則免不了還是要失敗的。孔子本人知禮甚深甚全，同時具備極高的宗教情操。美國一位漢學家芬加雷(H. Fingarette)在《孔子：以俗爲聖》一書說得極有見地：「對孔子而言，神聖的禮統合了、瀰貫了人生的一切向度。」[30]這裡所謂「神聖的禮」，即特指其宗教涵義而言。但是言者諄諄，聽者卻未免藐藐！

統治者「爲禮不敬」（八佾），徒重形式而已。爲臣者也不知所從，因爲「事君盡禮，人以爲諂也」（八佾）。甚至孔子本人也因爲遵禮，入大廟每事問，而遭人非議（八佾）。孔子對於一般人所知的禮樂，不免發出悲嘆：「禮云禮云，玉帛云乎哉！樂云樂云，鐘鼓云乎哉！」（陽貨）。連他的弟子子貢也「欲去告朔之餼羊」，孔子說：「賜也，爾愛其羊，我愛其禮」（八佾）。

---

29 孟洛(Munro)主張，禮對孔子而言是人類一切品德的基礎，見《早期中國的人概念》，頁五八。費爾也指出：「最內在的品德假使離開禮，亦即沒有適當的表達方式，就會淪爲惡行。」（頁八八）。

30 芬加雷，頁一五。

禮的宗教本質似乎已經喪失殆盡了。人們定期祭祀，行禮如儀，但心中卻不信任何神祇或祖靈的臨在。《論語》記載：「祭如在，祭神如神在」（八佾）。通常，學者喜歡以這句話來證明孔子對於神祇存在持「不可知論」，或者頂多是「宛如」哲學。但事實上未必如此，因爲這句話並未指明是誰說的，很可能是當時的流行觀念[31]。然後，緊接著這句話才是：「子曰：吾不與，祭如不祭」（八佾）。這樣看來，孔子所強調的是人應該親身參與祭祀，並在祭祀時態度虔敬[32]。至於神祇存在與否，孔子並未談到。《論語》中的其他相關詞句也絕無孔子否定神靈界的說法[33]。

31　毛子水，《論語今註今譯》（台北：商務，一九七九），頁三七。

32　這句白話譯解得不太達意。程石泉認爲這句話的用意是：「孔子主張，祭祀應出於至誠。不誠而祭，不如無祭。」見《論語讀訓解故》（台北：先知，一九七五），頁三五。這種解釋與前述「祭如在，祭神如神在」對照，可知兩處「如」字皆指「誠敬」而言，並未涉及「神」是否眞在的問題。走筆至此，筆者想冒昧爲孔子這句話重新斷句爲「吾不與『祭如不祭』」。其意爲：對於那些「祭祀時缺乏誠敬，好像不在祭祀的人」，我是極不贊同的。這種解法可以避免正文所譯之詞不達意的白話，但是在章句訓詁方面的根據尚須加以研究。

33　孔子對神靈的態度，大約見於以下四處記載：

(一)子不語：怪、力、亂、神。（述而）

(二)季路問事鬼神。子曰：「未能事人，焉能事鬼？」曰：「敢問死？」曰：「未知生，焉知死？」（先進）

(三)子曰：「非其鬼而祭之，諂也。」（爲政）

(四)樊遲問知。子曰：「務民之義，敬鬼神而遠之，可謂知矣。」（雍也）

例(一)所云孔子不語神，並不表示他不相信神靈存在。我們曾在討論春秋時代的天概念時指出，當時的人對神靈

為了避免禮之淪於形式化，我們有必要探索禮之本源。林放問禮之本，子曰：「大哉問！禮，與其奢也，寧儉；喪，與其易也，寧戚。」(八佾)這段記載提示我們兩點：一、「大」是孔子極少使用的讚詞，現在用於這裡，表示孔子對這個問題的嘉許，也表現他對禮的深度關懷！二、禮絕不只是外在形式，它更是人心內在的情感。但是孔子的簡單答案似乎與他的興奮情緒極不相稱。我們由此可以感覺禮的崩壞已經無法挽回了。

於是，新理念之出現成為刻不容緩的事。什麼理念可以取代禮，以維繫整個文化傳統呢？這個問題的答案就在孔子的一句感慨中：「人而不仁，如禮何？人而不仁，如樂何？」(八佾)。換句話說，傳統必須瓦解，以便再生新機而超越前進[34]。那麼，何謂「仁」？仁與禮的關係又如何？我們將分別討論這兩個問題。

(續) 有兩種相反的態度：其一傾向於迷信的舉措，另一種則深具人文主義，或多或少接近理性主義的精神。孔子的態度無疑屬於後者。他在例(二)明確強調先事人後事鬼，先知生後知死。他相信祖先之靈不僅存在而且有力，不然「非其鬼而祭之」以求福就說不通，只是這種作法太過諂媚(見例(三))。人還必須「敬」鬼神而「遠」之(例(四))。為什麼？因為這樣將可避免百姓陷入迷信舉措，才可以稱為「知」。有關孔子對神靈的態度與當時人士的態度之比較，見高田眞治，《支那思想之研究》，頁六六—七三。秦家懿說的不錯：「孔子本人對於『個人靈魂不死』這個問題保持緘默，同時又積極參與紀念死者的儀式。」見《儒與耶》，頁九三。徐復觀則認為孔子之所以奉行祭祀，只是為了滿全品德所需，而非為了祈福。見《中國人性論史》，頁八二。

34 余英時，《中國心靈》，頁五。

二、仁

強調春秋時代的「禮」與宗教無關，並不能證明宗教不重要，反而說明了春秋時代何以沒落[35]。同時，爲解決當時的危機，也只有設法復興原始的文化理念——亦即禮之原始內涵：統合全部存有領域，如宗教、政治與道德爲其犖犖大者。禮之內涵，係由宗教擴及政治與道德。現在孔子則以仁代禮，由原屬道德義的仁出發。這一取代，常被描述爲「人文主義的」，但是稍後我們將會發現，它的基礎仍在於深刻的宗教情操。

爲何孔子特別選中「仁」這個理念？這個問題很難有明確答案。甲骨文中未見「仁」字[36]，古代典籍如《書經》、《詩經》、《易經》，極少出現「仁」字（大約六次）[37]。或許正因著「仁」字之陌生罕

35　參看徐復觀，頁九〇。徐氏主張：禮之做爲統合理念，與宗教無關。徐氏所了解的宗教似爲西方的制度化宗教，同時他還認定宗教與道德無法相容（頁三六—四一）。筆者在這兩點上皆與徐氏所見大相逕庭。

36　董作賓，〈古文字中之仁字〉，《學術評論》卷二，期一（一九五三），頁一八。

37　阮元，〈論語論仁論〉，收於《研經室集》部一，卷八，頁四。胡志奎指出，「仁」字在東周（西元前七七〇年）之前未曾出現；並且到孔子才選出「仁」字，做爲品德之特別名稱。見《論語辨正》（台北：聯經，一九七八），頁一一一。

見，才使孔子選擇了它。因爲「禮」之沒落，多少與它承擔了過多過重的傳統包袱有關。現在，有充分自由來充實、復振、整秩與鍾鍊「仁」，結果使得孔子以下的儒家可以名爲「仁學」[38]。

「仁」的理念在《論語》中占有主導的地位。四百九十九段話中有五十八段討論「仁」；「仁」字共出現了一〇四次[39]。「仁」也像「禮」一樣，是個多義詞。但是，這裡所謂的「多義」，並不僅是指道德領域中的各項品德或諸德之全，而是指一切存有領域。如上所述，以春秋時代的「禮」爲純粹人文事件，只能解說這個時代的沒落；同樣，若以「仁」爲純粹道德概念，也將錯失孔子的基本理想。「仁」字的涵義不僅是仁愛或仁慈，也可以指「做人的道理」[40]，「統攝諸德，完成人格之名」[41]，或「德之全體」[42]；但是，把上述仁的內涵擴充當做「倫理學上的革命」[43]，未免言過其實。

---

38 徐復觀，頁九〇。

39 楊伯峻，《論語詞典》，頁二二八。陳榮捷，〈儒家仁概念之演變〉（"The Evolution of the Confucian Concept Jen"），刊於《東西哲學》（*Philosophy East and West*），卷四，期四（一九五五），頁二九六）。

40 胡適，《中國古代哲學史》（上海：商務，一九一九），頁一一三。

41 蔡元培，《中國倫理學史》（上海：商務，一九一〇），頁一一八。

42 陳榮捷，《儒家仁概念之演變》，頁二九八。

43 同上，頁二九九。陳氏所謂「倫理學的革命」，是指「原先屬於貴族的道德品質，現在屬於一切人了。」這個說法值得商榷。因爲「仁」字極少見於古代典籍（約六次），假使眞有所謂「倫理學的革命」，那麼像「敬」、「德」之類共同認定的品德，將更適於孔子選用。因此，實情應該是：「仁」字因爲罕見陌生，所以才被孔子選中，孔子的「革命」，應在於把文化理念從「禮」傳承到「仁」。

在仁與禮的內在關係未能澄清以前，許多解釋都值得商榷。譬如，有些學者主張孔子的「仁」概念要到朱熹才得到本體論的基礎[44]；也有些學者認爲「仁的形上學涵義是孔門後期的思想發展[45]；更有些學者以爲儒家根本沒有形上學的基礎可言[46]！對於上述各家說法，《論語》中並無明確的答案可以論斷。但是，假如筆者所見無誤，還是有一個引子可以幫助澄清這個問題。這個引子即是仁與禮的關係。假使我們證明了仁就是禮，亦即仁取代了禮的原始涵義，那麼就不難明白爲何孔子如此珍愛「仁」這個理念，以及爲何「仁」可以做爲人類文化的至高理想之一。

三、禮與仁

在《論語》中，孔子答覆弟子問仁之處不少，其中最具啓發又最引人爭論的，莫過於他與顏淵的一段對話。根據孔子的答覆，仁是「克己復禮」，其條目則爲「非禮勿視，非禮勿聽，非禮勿言，非禮勿動」（顏淵）。

44 牟頓（W. Scott Morton），《儒家人的概念：最初的形式》（"The Confucian Concept of Man: The Original Formulation"）《東西哲學》卷二一，期一（一九七一），頁六九。

45 陳榮捷，《儒家仁概念之演變》，頁三一九。

46 韋伯（Max Weber），《中國的宗教》（New York: The Free Press, 1968），頁二四八。

許多學者根據歷代注疏，把「克己復禮」解爲兩件事，甚至是達成「仁」的兩個階段的工夫[47]。這兩件事又有內外之分：亦即內在之克制自我與外在之回復於禮[48]。這種解法造成一個明顯的困難：假使人在克制自我之後才可回復於禮，又假使人在回復於禮之後才可稱之爲仁，那麼，我們是否必須認爲：人的自我不是仁？果眞如此，則人性就與善渺不相干。假使「克己復禮」可以爲仁，「禮」又爲什麼有如此奇蹟似的功效，可以點化人性？照這樣解釋，孟子重仁而肯定性善，荀子重禮而肯定性惡，豈不正好弄顚倒了？只要肯定仁與禮之間存在著某種對峙張力，那麼無論這種張力是否創造性的[49]，都難免歸

47 朱熹以克己爲「勝身之私欲」，復禮爲「反天理之節文」。這正是兩個階段的工夫。雖然他也說「心之全德莫非天理」，但是這個「心」與己身之「私欲」又有何關係？則朱子並未明言，恐怕孔子亦未思及此。見《四書集注》（台北：世界，一九六九），頁七七。

48 柯雄文（Antonia S. Cua），〈省思儒家倫理學的結構〉，《東西哲學》卷二一，期二（一九七一），頁一二六；杜維明，〈禮做爲人文化之過程〉（"Li as Process of Humanization"），《東西哲學》卷二二，期二（一九七二），頁一八七。

49 杜維明，〈仁與禮之間的創造性張力〉（The Creative Tension between Jen and Li），《東西哲學》卷一八，期一—二（一九六八），頁二九—三九。杜氏在此肯定仁爲較高層次的概念，並賦予禮以意義；而且禮「可以被理解爲仁在特定社會環境中的外化顯示」（頁三四）。這種看法無法解釋：(一)在孔子提出仁概念之前，中國傳統中的精神基礎是什麼？(二)禮的存在遠在仁之先，仁又如何將禮外化？除非我們明白仁與禮都代表中國古代的文化理念，否則這一類的討論是不會有結果的。

結於下述結論：「仁是道德之內在判準，禮是道德之外在判準。」[50]如此一來，禮與仁都被化約縮小，分別成爲道德中事了。這對於兩者原有的廣大悉備的性格是無法交代的。筆者以爲，這是對孔子理想之誤解。

爲了避免上述難題，本文將設法說明禮與仁的關係是重疊的而非對立的，也不是內外自我之間的張力[51]。首先，我們可以把「克己復禮」看成一件事：以實踐「禮」來約束自己[52]。實踐「禮」與約束自己是一而二，二而一的事情：這是導自己於正途，「禮」則是所憑藉的規範。這樣就不必把克己復禮分

---

50 柯雄文，頁一二六起。

51 所謂「重疊關係」是指仁與禮對「整體的人」所產生相互補足的作用。仁與禮固然在實踐上互相需要，但它們並非處於內在自我與外在自我之間的張力狀態。更明確地說，仁與禮之重疊關係是因爲它們對人的存在而言都是統合的範疇。因此，當我們比較這兩者時，固然可以說仁是禮的內容及判準；但是反過來也同樣可以說是禮是仁的內容及判準。前一說法曾有許多學者主張；後一說法亦有人主張，例如童書業，《春秋左傳研究》，頁二一七—二一八。仁與禮在某一意義下可以互換使用，正是由於它們的重疊關係。詳情本文接著即將討論。

52 以「復禮」爲「習禮」、「踐禮」或「實行禮」，參看吳森，〈「克己復禮」辯〉，《比較哲學與文化》（台北：東大，一九七八），頁二三二—三三。以「復禮」爲「循禮」，見毛子水，《論語今註今譯》，頁一八五—一八六。兩者皆不以「復」爲「反」，避開了本文所說的這些困難。毛氏進而指出，「克己復禮」無異於孟子所謂「集義」與荀子所謂「積善」。因此，我們實無必要把這四個字解爲分別對待內在與外在自我而言。「克」字固然有制服、約束之意，但亦有主宰、好勝之意，如「克伐怨欲」之「克」（憲問）。因此，以「克己」爲「主宰自己」並無不可；至於如何以及憑藉什麼標準來「自爲主宰」，答案就顯然是「實踐禮」了。

成兩半，更不必涉及內外自我之分。這種詮釋還有進一步的理由，試申述於後：

甲、內在自我在「禮」所及的範圍內

《論語》談及教育原理時，曾三度提到「博我以文，約我以禮」這句話（雍也，子罕，顏淵）。「文」與「禮」在此是兩條途徑，使人「可以無大過矣」。「文」與「禮」之間的對峙張力是眞實而有趣的。「文」代表知識，當然外於人的自我：「禮」代表實踐，與人的自我密不可分。只要想到《論語》中「文」與「質」的對峙（雍也，顏淵）顯然有內外之別，就更可以肯定「文」與「禮」的對峙，將使（續）」成爲對內的工夫。至於有趣的一廣義都可以用來代表文化理念（八佾，子罕）。事實上，孔子從未區分內外自我，並且任何類似的張力也不曾在他心中出現。他強調「吾道一以貫之」（里仁），這個一貫之道就是「禮」或「文」所代表的，現在則需要一個新名稱：「仁」。因此，「克己復禮爲仁」的深意是指：由個人著手以重建文化理念。

乙、外在行為在「克己」的範圍內

孔子接著說明「克己復禮」的條目是：「非禮勿視，非禮勿聽，非禮勿言，非禮勿動。」這四句話值得稍加分析。第一，「視、聽、言、動」並無內在自我或外在自我之分，而是整體個人的行爲表現[53]。第二，「視、聽、言、動」「非禮勿行」，無異於說「合禮則行」；「合禮則行」等於「行以合禮」；「行以合禮」即是「行禮」，像「發而皆中節」一樣。「行禮」是「實踐禮」，亦即原文所謂的「復禮」。「克己」固然有「約束自己」之意，但是當我們說「自己約束自己」時，必須明白約束之規範與約束之方式。約束之規範即是「禮」，約束之方式即是「自爲主宰」：人是一個整體，當他自爲主宰去實踐禮時，就是所謂的「克己復禮」了。「禮」只有在人的「實踐」中才有意義，一旦變成外在規範，要人時時「回反」，就難免淪於形式或教條了。總之，「克己復禮」不能分爲內外兩橛，否則無法解釋人的整體性，更無法說明「仁」的統合性。

丙、「禮」與「仁」是重疊的

至於「禮」與「仁」的具體關係，可以取「孝」爲中介來了解。孔子在回答「何謂孝？」時，曾說人之對待父母，應該「生，事之以禮；死，葬之以禮，祭之以禮」（爲政）。由此可見，孔子的確以禮做爲統合的範疇，涵蓋了人的生死，同時也是人類最根本的情感——「孝」的規範。至於「孝」與「仁」

53　王夫之認爲「克己復禮」的眞義是「必將天所授我耳目心思之則復將轉來，一些也不虧欠，在斯有一現成具足之天理昭然不昧於吾心，以統眾理而應萬事。」見《讀四書大全說》（台北：河洛，一九七四），頁七〇〇。這個解法雖然秉承朱熹以禮爲「天理之節文」的說法，但是避開了「克己復禮」爲對內與對外的兩橛工夫，值得參考。

的關係，則有子所謂「孝弟也者，其爲仁之本與」[54]值得參考。如此連成一氣來看，則禮爲孝的規範，孝又爲仁之本，可見禮與仁之本也有關係了。禮與仁可以說是「一物之兩面」[55]，或「一物之不同樣態」[56]。這兩者在孔子心中，都各有其人性淵源、語言背景、神秘性格，以及道德、政治與宗教上的涵義[57]。芬加雷以禮爲孔子思想的核心象徵，的確具有識見。他說，禮「既能表現，又能參與『聖界』，因而使聖界成爲一切眞實人生境界中的一個向度。」[58]「仁」是否也能扮演這種角色，顯示這種象徵呢？這個問題無法草率回答。理由很清楚：禮的原義在其宗教性，而仁則在其道德性。禮之開展正是仁之擴張。

爲了進一步說明這一點，我們不妨看看《論語》對於人性與仁的關係有何意見。首先，孔子並未多

54 此處「仁」與「人」通用。朱熹《四書集註》以正文用「人」，註中則謂「乃是爲仁之本。學者務此，則仁道自此而生也」（頁三）。

55 芬加雷，頁四二。

56 例如，費爾認爲：孝不僅是「仁之本」，也與「禮之源」大有關係。頁二一九。

57 芬加雷，頁一五起。這是芬氏描寫禮的一段話。對於禮與仁的關係，芬氏似乎過於偏向禮的一面。最簡便的修正方法是把他形容禮的這一段話也用在仁上。

58 同上，頁一七。

談人性是什麼之類的問題[59]。我們無法從他在這方面的零星說詞歸納出人性的確定性質[60]。但是我們可以體察出他對「人應該如何」非常關懷，他的學說重心環繞著人的應行之道[61]。其次，縱使不說人性是善或是仁，我們還是有理由認爲：孔子主張人的應行之道是仁[62]。第三，仁若爲人之道，則仁與人性之

---

59 例如，子貢曾說：「夫子之文章可得而聞也，夫子之言性與天道不可得而聞也」（公冶長）。

60 關於人性問題，《論語》中有四句相關的記載：
(一)子曰：性相近也，習相遠也。（陽貨）
(二)子曰：人之生也直，罔之生也幸而免。（雍也）
(三)子曰：唯上智與下愚不移。（陽貨）
(四)子曰：中人以上，可以語上也。中人以下，不可以語上也。（雍也）
例(三)與例(四)專就人的「學習能力」而言，並未涉及人性善惡的問題。例(二)的「直」意義不確；即使承認它有道德含意，它只能表示「人應該依循正道」（程石泉解爲「誠信」，近此。見《論語讀訓解故》頁九八），但並未指出人性的本來面目。例(一)則告訴我們：孔子主張共同的人性是存在的。至於這一人性的內容，許多學者認爲必與「善」相關。例如高田眞治，《支那思想之研究》，頁一〇四；徐復觀，《中國人性論史》，頁八九。

61 孔子在論語中提出「君子」做爲凡人的表率，與此相反者爲「小人」。重要的是，孔子所描述的君子之立身處世，實已隱含了對一切人都有效的普遍要求。例如，「君子憂道不憂貧」（衛靈公）；「君子義以爲上」（陽貨）；「君子義以爲質，禮以行」（衛靈公）。此外，更明確的說法是，孔子認爲「成人」應該「見利思義，見危授命，久要不忘平生之言」（憲問）。以「君子」爲理想人格，實是孔子的一大貢獻。見許倬雲，《轉型期的古代中國》(Ancient China in Transition)（史丹福大學，一九六五），頁一六一—六三。

62 這個問題並不如想像中的複雜。首先，孔子說：「志於道」（述而），「朝聞道，夕死可矣」（里仁）；其次，孔子說：「苟志於仁矣，無惡也」（里仁），「志士仁人，無求生以害仁，有殺身以成仁」（衛靈公）。合而思之，不難

間必有某種關係。這種關係可以這樣了解，就是：人性是「傾向於仁」的[63]。第四，「傾向於仁」的人性可以經由學習與實踐而獲得滿全。學習將帶來啓發，使人自覺本身就有積極的「可完美性」[64]。實踐則是持續一生的事業，雖然困難，但並非不可能[65]。

以仁爲「人之道」，尚有以下二層深意。第一，它使文化理念由「禮」到「仁」的轉換，成爲更可理解之事，因爲「禮」在孔子之前與孔子當時的中國，正代表了「人之道」。以仁代禮，可以進一步透過道德意識展現人的主體性與責任性。第二，「仁」概念還顯示了人類道德性之超越的根基。經由「仁」的擴張，人能夠透入萬物，體驗存在界整體[66]。可惜在這方面，孔子說的太少。換句話說，《論

（續）——

肯定孔子的仁即是道。

63 「人性傾向於仁」之說，可以由孔子描述有德者在政治上所表現的神奇功效得到證明。例如：

(一)爲政以德，譬如北辰，居其所而眾星共之。（爲政）

(二)無爲而治者其舜也與。夫何爲哉，恭己正南面而已矣。（衛靈公）

(三)子欲善而民善矣。君子之德風，小人之德草，草上之風，必偃。（顏淵）

這幾句話與傳統的德治理想相去不遠，同時也暗示了人性如何「傾向於仁」。

64 在這方面，有兩句話極富啓發性：「仁遠乎哉？我欲仁，斯仁至矣！」（述而）；「爲仁由己，而由人乎哉！」（顏淵）

65 一方面，這項任務相當困難：「仁以爲己任，不亦重乎？死而後已，不亦遠乎？」（泰伯）；另一方面，它並非不可能之事：「有能一日用其力於仁矣乎！我未見力不足者」（里仁）。

66 朱熹主張「仁通上下」，又說「全體無息之謂仁」（皆見《朱子語類》），即是此意。詳見徐復觀的討論，頁九六—九九。

語》並未說明孔子如何把禮與仁，同萬有本源的天連結起來[67]。然而，仔細反省孔子論天之語，亦不難發現孔子的終極關懷，亦即承先啓後(承禮啓仁)的使命，仍是與「天」密切相關的。

四、天

孔子曾說：「郁郁乎文哉，吾從周！」(八佾)周禮在文化上是夏商之集成，是以孔子從之。就宗教信仰而言，孔子也接受周代對「天」的信仰，相信天是至高而關心人間的主宰。但是對於「天」的詳細性質，則孔子未曾明言。許多著名的漢學家，像衛理查(R. Wihelm)、施利奧(J. K. Shryock)、德效騫(H. H. Dubs)等，主張中國古人所信的天是一位人格神，而且孔子相信的是一位有神論的上帝，甚至是一位一神論的上帝(a monotheistic God)[68]。與此相反，也有不少學者主張孔子的「天」是「非人格的」[69]。這兩

67 不只一位學者主張：孔子的「仁」是人性與天的接合點。人反身內省，即可體驗「仁」，而「天」是此「仁」之先驗根基。見徐復觀，頁九九；山室三良，《佛教與老莊》，頁九七。

68 參看衛理查(Richard Wilhelm)，《老子與道家》(*Lao Tze und der Taoismus*)(Stuttgart, 1925)，三四—三六；施利奧(J. K. Shryock)，《孔子國家禮儀之起源與發展》(*The Origin and Development of the State Cult of Confucius*)(New York: The Centruy Co., 1932)，頁一六九—七一；德效騫(H. H. Dubs)，〈古代中國哲學中的有神論與自然論〉("Theism and Naturalism in Ancient Chinese Philosophy")，《東西哲學》卷九，期三—四(一九五九—六〇)。在〈周王室的原初宗教〉(The Archaic Royal Jou Religion)，《通報》(T'oung Pao)卷四六(一九五

派意見都值得進一步討論。本文希望能較爲全面與較爲徹底地解析孔子的天概念。

以顧理雅(H. G. Creel)爲例，他主張孔子的「天」是一種非人格的道德力量。他說，「孔子極少談他如何體認天」，並且弟子子貢也明白承認：「夫子之言性與天道，不可得而聞也。」[70]至於孔子偶然談到帶有「人格神」意味的天時，像「天喪予！天喪予」，顧理雅則說：那只是表達「人窮則呼天」的焦慮之情而已。這樣一來，凡是孔子眞正談天或談他如何體認天道的言詞，都被當做情緒語言而一筆勾消了。這種詮釋實在充滿了成見與曲解。至於有的人根據孔子「天何言哉？……」這一段話就斷言孔子的「天」是全然非人格的，因爲它不會說話[71]！這種詮釋也是由於誤解，詳情稍後即將談到。

（續）

八），德效騫說：「孔子確曾把周公神學理論中的這種傾向推至其合乎邏輯的一神論……一神論與孔子的高貴倫理學及他對最高理想的堅持是非常協調的」（頁二五三）。

69 參看熊十力，《讀經示要》（台北：廣文，一九六〇）卷一，頁一四；劉述先，〈儒家哲學的宗教涵義：其傳統面貌與現代意義〉（"The Religious Import of Confucian Philosophy: Its Traditional Outlook and Contemporary Significance"），《東西哲學》卷二一，期二（一九七一），頁一五七起；成中英，〈儒家倫理的辯證性與人的形上學〉（"Dialectic of Confucian Morality and Metaphysics of Man"），《東西哲學》卷二一，期二（一九七一），頁一一一—一二三。成氏雖肯定「儒家倫理爲宗教意識之展示」（頁一一二），但他藉著純屬形上學的分析而迴避了神的問題。

70 顧理雅(H. G. Creel)，《孔子：其人及其神話》(*Confucius, the Mman and the Myth*)(New York: The John Day, 1949)，頁一一七。

71 劉述先，頁一五八。反對這一意見的亦不乏其人，例如秦家懿認爲這句話是「我們對孔子的神秘主義傾向所能獲得的最接近的證據。」《儒與耶》，頁一六〇。至於馮友蘭所謂這句話有「天能言而不言之意」，恐非孔子本

在《論語》中，「天」字的出現遠不如「仁」字與「禮」字那麼頻繁；但是它的每一次出現都涵蘊了豐富的意義與深刻的虔敬[72]。就這些提及「天」字的有限語句看來，它們通常只是簡短的評論，有時連上下文的脈絡都不完整，因此在詮釋時就不只一途了。然而，我們還是可以肯定下述幾個要點：第一，孔子總是以「相關性」的語氣談到天；亦即，他對與人隔絕的天並無興趣，更不曾對天作過純屬宇宙論的描述。縱使以天為自然界，孔子仍然肯定天與人之間的特殊關係。第二，天人之間的關係，要遠較自然界與人之間的關係更為密切，因為天會主動回應人間的需要。第三，這個具有回應能力的天賦予孔子一項獨特的使命；但是孔子必須透過深刻的道德修養與徹底的自我覺悟才能體認此一使命。第四，面對這樣的天，人在盡力滿全自身的職責之時，就能了解命運的眞義。這是從道德的觀點，而非從政治的觀點，來了解「天命」[73]。本文將進一步闡明以上四點看法如次：

（續）意。見《中國哲學史》，頁八三。

72 傅斯年的意見值得參考。他認為：孔子一方面繼承古代對天的崇敬，同時逐漸強調人類的動機與行為；他使天由擬人化的上帝轉變為超越的存有之源，既遍在一切又涵蓋一切。見《性命古訓辨正》（台北：聯經，一九八〇），（卷二，頁三三二—三三三。

73 這方面的詳細討論，見高田眞治，頁七三—一〇八。

甲、以天為自然界

(一)子曰：天何言哉？四時行焉，百物生焉，天何言哉！（陽貨）
(二)子曰：大哉，堯之爲君也。巍巍乎，唯天爲大，唯堯則之。（泰伯）
(三)（孔子）迅雷風烈必變。（鄉黨）

例(一)的背景是孔子想「予欲無言」，然後以天爲模範，指出無言而有爲的明證。要點不在於天是否發言，而在於天究竟作了何事。「四時行」暗示我們：天是「載行者」(Sustainer)；「百物生」則暗示我們：天是「造生者」(Creator)。我們在此既毋須以天爲一位人格神，也毋須以天爲一種非人格的力量。因爲這裡所謂「以天爲自然界」，是指以天爲萬物之造生與載行的根本原理或原始動力，這個天是否有人格並不重要[74]。但是天的運作絕不限於自然世界，它與人類世界也有某種關係。例(二)接著提示我們：君主若能效法天之道，則將充分滿全他的職責。稱「天」爲「大」，又謂堯「則」天，並不是比喻之詞，而是反映了傳統以天爲至高主宰的信仰。換言之，孔子的「天」絕不僅僅指稱自然界[75]。由例

74 高田眞治甚至主張這句話顯示了以天爲主宰者的信念。見頁七五。
75 《論語》全書以天爲自然蒼天者只有一處，亦即子貢所說：「夫子之不可及也，猶天之不可階而升也」（子張）。孔子對自然世界並非毫無感受；譬如，「子在川上曰：逝者如斯夫，不舍晝夜」（子罕）。即使從這一類自然現

(三)可知孔子如何回應自然現象。朱熹認爲孔子這種回應是「所以敬天之怒」[76]，的確極有深意。至少我們可以肯定孔子並未遠離傳統以天爲造生者與載行者的信念。

乙、以天為關懷人世的主宰

(一)堯曰：咨爾舜，天之曆數在爾躬，允執其中(堯曰)

(二)子曰：天之未喪斯文也，匡人其如予何。(子罕)

(三)儀封人曰：二三子何患於喪乎？天下之無道也久矣，天將以夫子爲木鐸。(八佾)

(四)子曰：獲罪於天，無所禱也。(八佾)

(五)子曰：……無臣而爲有臣，吾誰欺，欺天乎？(子罕)

(六)夫子矢之曰：予所否者，天厭之，天厭之！(雍也)

(續)象，我相信孔子也學得不少教訓。當他自述「學不厭，教不倦」(述而)時，心中必有健行不已的宇宙圖案。參看施約瑟(Joseph Shih)，〈中國宗教中的啓示〉("Revelation in Chinese Religion")，*Studia Missionalia* 卷二〇(一九七一)，頁二三七—六六。

76 見朱熹，《四書集註》，頁六七。《禮記·玉藻記》的更詳細：「君子……若有疾風，迅雷，甚雨，則必變，雖夜必興，衣服冠而坐。」由此可知「敬天之怒」並非臆測之詞。

例(一)所載堯的言論非常近似《書經》口吻，而《論語》錄下此句的理由並不清楚[77]。但是以例(一)與例(二)合起來看，似可肯定天對於任命君王與維繫文化這兩方面都是負責的主宰。天關懷人世，因此會派遣「木鐸」，喚醒世人追隨正道(例(三))。不僅如此，天還是人類祈禱訴求時的唯一對象(例(四))[78]。例(五)則暗示我們：縱使一個人可以欺騙全世界，他卻不能逃過天的明鑑。孔子說這句話時，心情可能頗爲複雜，因此這句話並不必一定預設一位無所不知與無所不在的神[79]。但是配合例(六)來看，則無疑可以肯定天對於人的惡行會是有所反應的。這種信念與傳統以天爲啓示者及審判者的信仰相去不遠。然而，我們必須立即指出：孔子對於天本身是何情狀並未多言，他的關懷毋寧在於天如何引領人類世界步上理想狀態。在孔子看來，這就是如何重建「人之道」的問題，亦即他一生事業之所繫：把文化理念

77 參看《尚書．大禹謨》。有些學者認爲《論語》第二十篇爲後人僞入，例如見毛子水，頁三〇四—六。縱使如此，劉殿爵(D. C. Lau)的看法仍可接受，他說：「這段話似與孔子本人沒有多大關係，很可能因爲它是孔門教學材料之一而被傳下。」見劉氏英譯《孔子：論語》(*Confucius: The Analects*)(Penguin Classics, 1979)，頁一五八，註一。

78 在孔子的時代，人們似乎有祈禱的習慣。《論語》記載：子疾病，子路請禱。子曰：有諸？子路對曰：有之。誄曰，禱爾于上下神祇，子曰：丘之禱久矣(述而)。由此可知孔子的宗教感受極其深刻，孔子與天之間的親密關係亦不可等閒視之。

79 依朱熹之見，例(四)與例(五)之「天」可以解爲「理」。但是錢大昕問得極好：「謂禱於天，豈禱於理乎？」見《十駕齋養新錄》(台北：世界，一九六三)，卷三，頁四九。反對以孔子的天具有某種神性，似乎徒勞無功。

（「人之道」的大原則即是文化理念）從禮轉換到仁。現在應該問一問：孔子如何體認自身負有此一使命？他是天所揀選的那一位嗎？

丙、以天為孔子使命的本源

(一) 子曰：不怨天，不尤人，下學而上達，知我者其天乎。（憲問）

(二) 子曰：……五十而知天命。（爲政）

(三) 子曰：天生德於予，桓魋其如予何！（述而）

(四) 子畏於匡，曰：文王既沒，文不在茲乎。天之將喪斯文也，後死者不得與於斯文也。天之未喪斯文也，匡人其如予何？（子罕）

例(一)的背景是孔子自嘆「莫我知也夫」所引出的一段自述。「不爲人知」並不值得憂慮[80]，因爲孔子的生命世界並不限於人間。他「下學而上達」，並且相信唯有「天」眞正了解他[81]。假使我們嚴肅考慮

80 因爲孔子曾說：「人不知而不慍，不亦君子乎？」（學而）。

81 在此我想起耶穌說過的一句話：「除了父以外，沒有人知道子是誰」（路加福音，一〇：二二）。但是我目前無意從事進一步的比較。

孔子在例㈡所云「五十而知天命」，就知道這種自信絕不是一廂情願的想法[82]。那麼，孔子宣稱在五十歲時所認知的「天命」究竟有何內容呢？我們可以從命定論的觀點來解釋天命[83]；但是配合例㈢與例㈣來看，就必須承認：天命是相應於孔子所自覺的使命而言的。孔子並非天生聖人[84]，但他相信他的「德」源自於天(例㈢)。這裡所謂的「德」不應指道德上的品德，因爲孔子在另一處承認「德之不修」是他的「四大憂」之首[85]。這裡所謂的「德」應該是指孔子異於其他所有人的一種獨特性質，不然的話，孔子爲什麼宣稱「桓魋其如予何！」[86]例㈣則清楚顯示：孔子相信自己是天所揀選委派的那一

---

82 換句話說，孔子若自謂「知天命」，則我們沒有必要的理由去懷疑他所謂「知我者其天乎」。

83 有關的詳細討論，見森三樹三郎，《從上古至漢代性命觀之展開》(東京：一九七一)，頁三一—三四。大體說來，「命」字可以指命運或使命。這兩種意義可以稍加區分：單舉「命」字，常指命運；合「天命」而言，則常指天賦之使命。見徐復觀，頁八六—八八。至於先假定孔子相信命運，再加以批判的也不乏其人，例如楊榮國，《中國古代思想史》(一九七三)，頁一七〇—七二。

84 子貢形容孔子爲「固天縱之將聖，又多能也」(子罕)。但是孔子明白承認自己不是「生而知之者」(述而)。他甚至說：「吾少也賤，故多能鄙事」(子罕)。

85 孔子的「四大憂」是：「德之不修，學之不講，聞義不能徙，不善不能改」(述而)

86 高田眞治認爲，這裡所謂的「德」是指孔子自覺得自於天的使命，亦即要以道德成就來拯救世界。頁七七。另一方面，島一認爲這句話顯示孔子把人的道德之根據推源於天。但是，孔子顯然以這個「德」做爲他自己與其他人的區分憑藉。換句話說，這個德不是人人所能共有，更不是人性與生俱來的東西。見島一，〈孔孟和荀子在天人論方面的異同〉，魏常海譯，《中國哲學史研究》，一九八三，卷一，頁一〇〇。

位，負有使命要把「文」傳於後世。「文」指文化傳統與文化理念，其中當然包含「人之道」[87]；這項使命之絕對性與重要性又可見於孔子的行誼：「知其不可而爲之」（憲問）。孔子畢生努力不懈的理由之一，可以說是「畏天命」[88]。無論如何，使命與命運之間的對峙張力似乎是難以避免的。假使我們弄清楚孔子如何一面保持對天的信仰，一面處理這種張力，將能進一步明白儒家的基本性格。

丁、天與命運

(一) 子曰：甚矣，吾衰也。久矣，吾不復夢見周公。（述而）
(二) 子曰：鳳鳥不至，河不出圖，吾已矣夫。（子罕）
(三) 顏淵死，子曰：噫，天喪予，天喪予。（先進）
(四) 伯牛有疾，子……曰：亡之，命矣夫，斯人也，而有斯疾也。（雍也）
(五) 子夏曰：商聞之矣，死生有命，富貴在天。（顏淵）
(六) 子曰：道之將行也與，命也；道之將廢也與，命也。公伯寮其如命何！（憲問）
(七) 孔子曰：不知命，無以爲君子也。（堯曰）

87　孔子在「各言爾志」時，道出他對人類的普遍關懷：「老者安之，朋友信之，少者懷之」（公冶長）。他的關懷更眞切地表現於下面這句話：「鳥獸不可與同群。吾非斯人之徒與而誰與？天下有道，丘不與易也」（微子）。

88　孔子曾說：「君子有三畏：畏天命，畏大人，畏聖人之言」（季氏）。

如所周知，周公的貢獻在於建立禮樂傳統。身爲這一傳統的承先啓後者，孔子自然會以周公爲他的楷模。由於長時期未曾夢見周公，孔子乃認爲自己衰老了（例一）。孔子深能體會他的使命之艱難。眼見自然界沒有任何鼓勵的祥兆出現（例二）[89]，他最心愛、最器重、最合格的繼承者顏淵又先他而死，孔子乃吐出最深痛的悲嘆（例三）[90]。然而，假使我們把疾病與死亡都當做命運的話（例四）（五），就知道眞正剝奪孔子希望的是命運而非天。天與命運的關係並不難釐清[91]；但是孔子沒有留意這個問題，轉而強調人對命運應該抱持的態度。縱使命運決定了道之行與不行（例六），孔子依然擇善固執，努力奉行他的使命[92]。至於君子所必須了解的「命」（例七），在此似乎兼指命運與使命而言[93]。孔子一生的努力全因使

89　劉殿爵在例(二)的註中說：「鳳鳥與河圖皆爲祥瑞之兆。孔子在此悲嘆，因爲道之行於天下已經無望」，見《孔子：論語》，頁九七之註。

90　當子路死時，孔子發出類似的傷感：「噫！天祝予！」（春秋公羊傳，哀公十四年）。他對弟子們的誠摯感受，既來自師生情誼，又來自他對文化傳承的深切關心。參看高田眞治，頁七四。以顏淵爲例，孔子曾對他說：「用之則行，舍之則藏，唯我與爾有是夫」（述而）。顏淵死時，孔子哭之慟。從者曰：子慟矣。曰：有慟乎，非夫人之爲慟而誰爲？（先進）

91　天既爲萬物本源，因此終究必須爲萬物萬事負責。人世間一切「限定」（如生死富貴），皆可認爲是天命的結果。這種天命即是命運。稍後，命運觀念與天意分離，成爲某種對人類而言不可知亦不可掌握的力量。

92　孔子與幾位隱士的遭遇過程，一再證明這一點。例如，見〈憲問篇〉、〈微子篇〉。

93　見森三樹三郎，頁三三—三六；高田眞治，頁九二—九四。

命感而凸顯其意義。他對命運並無怨尤，反而安心修德講學[94]。死亡對他而言，遠不如「仁」（人之道）重要[95]。人的品質在於他的道德水準，而道德又以天爲最終依據。人有天賦潛能，可以超越自己。因此孔子說：「人能弘道，非道弘人」（衛靈公）。

總結以上討論，我們可以說：第一，孔子在文化傳統（禮）面臨危機時，毫不猶豫地獻身「哲學突破」的大業，設法闡明新的「人之道」（仁）。第二，孔子在把文化理念由禮承啓到仁時，有意肯定仁與人性具備某種本質關係。亦即，人人皆可透過道德自覺，發現本身就有一種成全自我的要求。同時，「君子」就是孔子設下的楷模，足以做爲凡人的榜樣。第三，君子不計任何代價也要努力行仁。他以修德爲首務[96]；以助人走上正途爲目的[97]；在如此任重道遠的情況下，他也毫無憂戚或恐慌[98]。第四，君

94 孔子自述：「其爲人也，發憤忘食，樂以忘憂，不知老之將至云爾」（述而）。他又說：「飯疏食，飲水，曲肱而枕之，樂亦在其中矣。不義而富且貴，於我如浮雲」（述而）。

95 參看〈衛靈公篇〉「殺身以成仁」一段，與〈里仁篇〉「朝聞道，夕死可矣」一段。

96 子曰：「君子之於天下也，無適也，無莫也，義之與比」（里仁）；「君子喻於義，小人喻於利」（里仁）。

97 子曰：「君子成人之美，不成人之惡。小人反是」（顏淵）；夫仁者，己欲立而立人，己欲達而達人」（雍也）。

98 子曰：「君子坦蕩蕩，小人長戚戚」（述而）。

子在奉行職責時，並不尋求任何外在報酬[99]或後世名聲[100]，因爲他了解命運與使命都是萬有之源的天所頒定。第五，孔子的強烈使命感以及他奉行使命的堅毅決心，似乎出於他個人與天之間的親密經驗[101]。孔子對普遍人性與人類應行之道的體認，應該都是基於這一經驗所產生的信念。假使不由本文以上所論天概念來了解孔子思想，他的許多教誨與行誼將很難理喻。然而，《論語》畢竟不曾告訴我們天人之間的明確關係。孟子與荀子就在這一點上各施才智，走上兩條幾乎相反的思辨途徑，同時又各以孔子的眞正傳人自居。古典儒家發展到《易傳》與《中庸》，可謂體系完備，分別以一幅和諧的天人關係圖爲其總結。

99 子曰：「內省不咎，夫何憂何懼？」（顏淵）；「不患無位，患所以立」（里仁）。

100 孔子曾說：「君子疾沒世而名不稱焉」（衛靈公），「四十五十而無聞焉，斯亦不足畏也已」（子罕）；森三樹三郎據此主張孔子的儒家之所以宣講道德仁義，是爲了博取後世的聲名。見森氏，頁四三—四四。我卻以爲這種看法完全忽略了孔子的使命感之崇高意義。孔子明明說過：「君子去仁，惡乎成名？」（里仁）可見孔子所重者是仁而非名聲。

101 史華慈(B. Schwartz)認爲，在《論語》中「我們發現孔子相當重視他個人與天的關係；他並不僅僅把天當做內在於自然與社會的『道』，而是把天當做一位超越而清醒的意志主體，對他(孔子)的救贖使命深感興趣。」見史氏，〈古代中國的超越界觀念〉("Transcendence in Ancient China")，*Daedalus*，一九七五。

第六章
孟子

孟子思想中爭議最多的，莫過於人性問題。如所周知，孟子是主張「性善論」的代表。一提起「性善論」，我們自然會聯想到一連串問題，像：個人生命與社會生活中明顯存在的「惡」由何而來？縱使以惡爲善之缺如，則此一缺如緣何而生？人又爲何應該防止其發生？這最後一個問題其實無異於：爲何人應該行善避惡？或者：無上道德命令由何而來？我們由此觸及孟子的終極關懷。

孟子（生卒約在西元前三七一—二八九年）生當戰國時代，上距孔子約二百年，但是念念不忘孔子之教，並以復振斯文、平治天下的理想自任。筆者曾在本書第五章討論孔子的天論思想時，指出：孔子的首要貢獻是把中國古代的「文化理念」（相當於古希臘所謂的「派德亞」）由「禮」轉換爲「仁」。孟子私淑孔子之教，仍以具體實行這一新的文化理念爲自己的使命與事業。因此，《孟子》一書屢見有關「仁政」的討論與規畫。近世學者多取之與希臘大哲拍拉圖的《理想國》相比擬[1]。但是更重要的是：孟子以肯定人的普遍本性爲前提，再論斷仁政的可能性並非幻想。那麼，人的普遍本性由何而來？此一本性如何是普遍的？對於這些問題的答覆正是：學派間各有不同，同一學派中的思想家亦言人人殊。在孟子看來，答覆這些問題的關鍵，必須溯源於「天」概念；而「天」概念在孟子思想中的重要性卻往往受到某些學者的疏忽與低估[2]。「天」曾是孔子的使命感之終極來源與最後基石，現在進一步成爲孟子的憑藉，由之肯定「仁」爲人性普遍所具。本文將依次討論以下三個概念：仁、人性與天，希望藉此展現孟子思想的根本意旨。

一、仁

孔子的首要貢獻無疑在「仁」概念的闡發，亦即以「仁」同時代表普遍品德與統合理念。但是對於「仁」的理論基礎與實際驗證，孔子在《論語》中未曾詳論。孟子繼起，一方面設法肯定「仁」爲普遍

1　孟子與柏拉圖的簡單比較，見馮友蘭，《中國哲學史》，頁一四〇；陳榮捷，《中國哲學資料書》（*A Source Book in Chinese Philosophy*）（普林斯頓大學，一九六三），頁一一五。

2　例如徐復觀，《中國人性論史》（台北：商務，一九七七），頁八一；唐君毅，《中國哲學原論；原性篇》（香港：人生，一九六六），頁二三—二六。

人性，另一方面嘗試提出「仁政」觀念，亦即古代聖王在政治上所立下的偉大典範。對於孟子的時代而言，「仁政」是極爲令人嚮往的話題；我們可以由這一點著手討論。但是在正式進入主題之前，必須稍加說明孟子的「仁」概念確實是孔子的眞傳。我想，這也是後代學者以孟子爲儒家正統傳人的重要理由。

孟子是極富自信與定見的人。他的定見表現於他對歷代聖人的認識與評價。聖人是「人倫之至也」（離婁上），亦即人類最好的楷模，因而也是「百世之師」（盡心下）。堯舜當然是聖人，連伯夷、柳下惠也都列名聖人之榜。但是孟子獨尊孔子爲「聖之時者」，集眾聖之大成（萬章下），並且推許爲「自有生民以來，未有孔子也」（公孫丑上）。孔子成爲天下第一人；那麼孟子的志向不可謂不高了，他說：「乃所願，則學孔子」（公孫丑上）。

孔子一生未能得君行道，這是中國歷史上一大憾事；孟子以孔子爲師[3]，自然想要繼志述事。他一方面不遠千里，周遊列國，求爲可用；另一方面，「說大人，則藐之」，因爲「在彼者，皆我所不爲也；在我者，皆古之制也。吾何畏彼哉！」（盡心下）可見孟子以「古之制」，亦即堯舜的仁政，做爲他的理想境界，同時也做爲他的信念得以實踐的保證。更重要的是，可貴的並非載諸典籍的制度，而是制度所依存的人性。關於人性的本質，以及人性與仁政的關係。《孟子》一書所載頗詳，其中畫龍點睛的

3 孟子曾說：「予未得爲孔子徒也，予私淑諸人也」（離婁下）；又說：「乃所願，則學孔子」（公孫丑上）

一句話是：「孟子道性善，言必稱堯舜」（滕文公上）。這句話的涵義是：堯舜在個人生命與國家政策兩方面都體現了「性善」，因而可以做爲後世的楷模[4]。但是，由孟子所謂「乃所願，則學孔子」看來，我認爲「性善」之教正是孟子學於孔子的關鍵學說[5]，同時堯舜只是被理想化，以便滿全楷模的功能。這種看法可以使我們暫時不必操心堯舜的生平與行事究竟是否像我們一般所知的那樣。至於孟子的自信，似乎不亞於孔子。他說：「夫天，未欲平治天下也；如欲平治天下，當今之世，舍我其誰也？」（公孫丑下）這句話很自然使我們想起孔子曾經說過的：「天之未喪斯文也，匡人其如予何？」（論語：子罕）

我們稍後再談孟子的「天」概念。現在要問的是：假使孟子得到機會，他將憑藉什麼來平治天下？答案非常明白：憑藉「仁」。孟子說：「三代之得天下也以仁，其失天下也以不仁。國之所以廢興存亡者亦然」（離婁上）。這是以孔子的「仁」來詮釋歷史事件；孟子進一步闡述其根據如下：「仁人無敵於天下」（盡心下），而無敵於天下者，「天吏也」（公孫丑上）。這裡我們已經察覺，「天」、「仁」與「人」三者之間必有密切的相互關係。果然，孟子明確指出：「夫仁，天之尊爵也，人之安宅也」（公孫丑上）。可見「仁」爲天人交聚之所；這是孟子性善論的重要線索。仁與人性協同一致，因此「民之歸

4　焦循認爲這句話總結了孟子一生治學的目的。見《孟子正義》（《四部備要》），冊三，卷十，頁一。

5　史次耘指出，孟子學於孔子者不外「仁」與「義」。見《孟子今註今譯》（台北：商務，一九七〇），頁二二五。

仁也，猶水之就下，獸之走壙也」（離婁上）。這種沛然莫之能禦的形勢，當然可以形容爲天視與天聽；於是舜禹之得天下，萬民歸心，正是「天與之」（萬章上）。

孟子曾向列強一再申說仁政的可行性與實際福祉，也曾反覆描述國家的理想境界。但是當孟子轉入更深刻的問題，像普遍人性與天的協同關係如何，這時仁政問題就必須退居幕後了。孟子有所進於孔子之處，就在這一更深刻的問題上。還有一點必須稍加說明：孔子與孟子的「仁」概念並無本質上的差異。孔子以仁爲統合理念與普遍品德，孟子若異於孔子之見，則如何可以說是繼志述事？因此，凡是主張孟子的「仁」概念含義較窄，只能表現「愛人」之義者，都是值得商榷的[6]。事實上，孟子的「仁」涵蓋了政治領域與道德領域，至於宗教領域，則本文稍後將會論及。

二、人性

在孟子之前的中國思想界，人性並未成爲重要的討論題材[7]。據《論語》所載，孔子罕言人性問題（公冶長）。我們熟知的「性相近，習相遠」（陽貨），並未談及人性的本質如何；至於「人之生也直」（雍

6　屈萬里，《仁字涵義之史的考察》，收於《書傭論學集》（台北：開明，一九六九），頁二六五。

7　高田眞治，《支那思想之研究》（東京：春秋社，一九四二），頁二一八—一九。

也）一語中的「直」字含義也尚無定解。因此大致上可以說，「孔子對於人性的本質，並無任何論斷。」[8]縱使如此，我們若沉思孔子之教的核心概念「仁」，仍舊可以得到孔子對於人性本質的一些暗示。譬如，「爲仁由己，而由人乎哉！」（顏淵）表現出重心的移轉，使人的主體性得以顯豁；又如，「仁遠乎哉？我欲仁，斯仁至矣！」（述而），則肯定了仁之潛能與實現皆存乎人性之中。因此，我們可以認爲：性善之旨已隱含於孔子的「仁」教之中了[9]。依循此一思想路徑，孟子可以合乎邏輯地主張性善論。現在所需要的，是提供一套完整的理論基礎[10]。

就字源學看來，「性」字從「生」。中國古人對於「性」字的一般看法是：「生之謂性」（告子上）。但是這種看法只能指出某物之所「有」，而非某物之所「是」[11]。譬如告子所謂「食色，性也」

---

8 德效騫(Holmer H. Dubs)，〈孔子學說中的人性觀〉("Nature in the Teaching of Confucius")，《美國東方學會季刊》卷五〇，一九三〇，頁二三五。

9 唐君毅，《原性篇》，頁一三。

10 徐復觀，《中國人性論史》，頁一六三。

11 詳細討論見森三樹三郎，《自上古至漢代性命觀之展開》（東京，一九七一），頁四六—四八。孟子的時代另有一種討論人性的方法是：就過去的事跡推求。像「天下之言性也，則故而已矣」（離婁下）。焦循《孟子正義》說：「故謂已往之事，當時言性者，多據往事爲說，如云文武興則民好善，幽厲興則民好暴。」這樣的方法是得不出正確結論的，頂多只能證明「習相遠」或者人性可以導於善也可以導於惡。至於人性的本質如何，則並未觸及。因此本文不擬深究此種方法。

（告子上），是就動物性以言人性。如果從「生之謂性」看來，則人類屬動物之一，其外在表現固然可以說是食與色。但是，食與色只是人與動物共同具備的「類的特徵」，並不是人所獨具的「種的差異」。要問何謂人性，當然必須掌握種的差異；這個道理不必西哲亞里斯多德來肯定，孟子老早就深造有得了。人「有」食色之性——更好說是食與色之需要——並不表示人「是」什麼。要推求人是什麼，需剋就人類本身來看。孟子說：

> 故凡同類者，舉相似也。何獨至於人而疑之？聖人與我同類者也。（告子上）

所有的人都是同類，聖人亦然。但是惡人也算是人的同類，我們又該如何肯定人的本質呢？孟子認為，人的本質應在於人與禽獸之差異處推求。他說：

> 人之所以異於禽獸者幾希！庶民去之，君子存之。舜明於庶物，察於人倫，由仁義行，非行仁義也。（離婁下）

由此可見，人與禽獸的差異極微，更麻煩的是，這種差異還可以「去」或「存」。我們反省某些惡人的行徑，就不得不同意孟子的觀察。人雖為萬物之靈。但是放僻邪侈、無所不為之後，就只是個衣冠禽獸而已，甚至禽獸不如！但是我們不能因爲有些人禽獸不如，就肯定人性本惡。因爲「禽獸不如」的判斷就已經隱含了「人應該優於禽獸」的前提。而這個「應該」正是人之常軌。孟子所謂「聖人先得我心之所同然」（告子上），即是此意。至於人與禽獸之間的「幾希」，由舜的例子看來，自然是指「仁義」了。「由仁義行」正表示順著仁義的天性而爲；行仁義是不須勉強外求的[12]。

孟子又說：

君子所以異於人者，以其存心也。君子以仁存心，以禮存心。（離婁下）

我們參考前面那一段話的「君子存之」看來，就可以肯定這裡的「君子所以異於人者」仍是指的人禽之辨。君子是正牌的人，他的特色是仁與禮。這兩段話合而觀之，可知人的本質即是仁、義、禮之類的品目。但是問題在於：爲何庶民或凡人有可能喪失那做爲人的本質之物呢？我們以可能喪失之物來界說人的本質是否恰當呢？再者，我們以仁義之類的道德品目來界說人的本質，似乎是以人的「應是」（ought to be）來定義人的「所是」（to be），這種作法又是否相宜呢[13]？

12　徐復觀，頁一六五。

13　這正是孟子的意向所在。參看高田眞治，頁二三四—三九。

解決這些問題的關鍵，在於闡明孟子的「心」概念。孟子所謂的「心」，既非心臟，也非靈魂；而是一種敏感易覺的反省意識。他對「人性」的論斷，總結於著名的「心之四端」之說；他宣稱：

> 無惻隱之心，非人也；無羞惡之心，非人也；無辭讓之心，非人也；無是非之心，非人也。（公孫丑上）

這四種心其實只是一個心的四種表現。這四種表現，在孟子看來，即代表了「仁、義、禮、智」的「四端」。這四端內藏於心，使心成爲人之所以爲人的「幾希」。人性的定義，必須落於這個「心」上[14]。孟子說：

> 君子所性，仁義禮智根於心。（盡心上）

因此，人之性善在於人之心善。但是「心之四端」的「端」字非常重要：它表示萌芽而非滿全。這個心

14 孟子說：「惻隱之心，人皆有之；羞惡之心，人皆有之；恭敬之心，人皆有之；是非之心，人皆有之……仁義禮智，非由外鑠我也，我固有之也。弗思而已矣。」（告子上）。

善之「端」需要護持、存養與擴充[15]。

孟子常以比喻形容「心」的這種狀態：「若火之始然，泉之始達」（公孫丑上）[16]。可見「心」的四端「仁（惻隱之心）、義（羞惡之心）、禮（辭讓之心）、智（是非之心）」具有擴充發展的傾向，這種傾向使「心」顯示爲「評價之心」（evaluating heart）[17]，亦即：由敏感易覺而體察、分辨何者當爲與何者不當爲。由於這種「評價之心」，人才有可能進一步行善避惡，成爲倫理的動物[18]。但是這種進一步行善避惡的要求，又由何而來呢？這種要求必須是「無上道德命令」，亦即具備普遍性與必然性，否則孟子的整個學說將立時瓦解。那麼人心有這樣的一種要求嗎？

有的。我們可以稱之爲「訓令之心」（commanding heart），亦即指令並要求人類行善避惡之心[19]。這是「心」的另一作用。評價之心同時也是訓令之心。這是孟子人性論的關鍵所在。唯其如此，存其心者才可以稱爲「君子」；因爲存養這種心，就是不僅接受其評價，而且接受其訓令並付諸實踐。所謂「養

15 參看徐復觀，頁一六五；森三樹三郎，頁四九。

16 唐君毅，頁二九。

17 孟洛(Donald J. Munro)，《早期中國的人概念》，頁四八。

18 劉殿爵，(孟子與荀子的人性論)("Theories of Human Nature in Mencius and Shyuntzy")，《東方與非洲研究學院學報》，卷一五，部三，一九五三，頁五五〇。

19 李查志(I. A. Richards)指出，「對孟子而言，心是自身的立法者。」見李氏，《孟子論心》(*Mencius on the Mind*)(倫敦：Kegan Paul, 1932)，頁七九。這一點在孟洛書中有詳細討論，見孟洛，頁五八起。

心莫善於寡慾」（盡心下），也正是因爲這種心「訓令」人在道德上付諸實踐，不能光是「明辨」而不「篤行」。孟子說：「學問之道無他，求其放心而已矣」（告子上）。假使這個心只有評價而無訓令，那麼它之放失與否不會那麼重要；換句話說，把放失的心找回來，就是要接受其評價及訓令，然後才可以步上學問之道，亦即儒家的成聖之道。

心之評價與訓令這兩種作用，都來自一個原理：「思」。孟子多次強調「思」的重要[20]，其中最具啓發性的是「心之官則思：思則得之，不思則不得也。此天之所與我者」（告子上）。這段引文的最後一句話值得重視。肯定人的評價之心與訓令之心所從出的「思」得自於「天」，正好說明了「無上道德命令」的普遍性與必然性，同時也聯繫了天人之際的分隔。因此，與其相信孟子以「道德自律」來取代「外在神旨」，不如肯定孟子以人的「自律」（或「自我立法」）是「天」所賦予[21]。接著我們再申論孟子的天概念。

---

20 例如〈盡心上〉屢次提到這點。孟子所謂的「思」，與一般所說的思想或哲學無關，而是指的自覺意識：知道自己是一個人，知道自己在想什麼、做什麼，知道自己該做什麼、不該做什麼；好像對著鏡子一照，就將自己的面目看得清清楚楚，知道應該如何清理。

21 劉殿爵，頁五五一。秦家懿進一步主張「心」代表了天人合一之象徵與實現。見秦氏，《儒與耶》，頁九一。

三、天

中國古代的哲學家在建構思想體系時，常以對「天」採取某種立場做爲總結。這種情形在儒家諸子更爲明顯。我們曾在本書前一章深入探討孔子的天概念，現在接著看看孟子在哪些方面有所增益。第一，孟子由古代典籍徵引許多相關資料，藉以闡述「天」概念的歷史背景與根據；第二，孟子把孔子對天的個人認知擴展爲人類的共同處境，藉以肯定「天」概念的普遍意義；第三，孟子將天命或命運聯結了人之道，藉以深化「天」概念的作用。究實而言，孟子的天概念顯示下述幾點意義：

甲、造生之天與載行之天

(一)且天之生物也，使之一本。（滕文公上）

(二)詩云：天生烝民，有物有則。民之秉彜，好是懿德。（告子上）

(三)書云：天降下民，作之君，作之師。（梁惠王下）

(四)天之生此民也，使先知覺後知，使先覺覺後覺。（萬章上、下）

以上這幾句引文都肯定以天爲「造生者」的信念，亦即以天爲萬物的終極根源。天在造生的同時，也賦予一物藉以維持其存在的途徑[22]。由例㈠的上下文看來，可知人的一本係指父母而言，因而孝道成爲人類天性中首要的品德[23]。例㈡則將人的天賦常性連上善德。這些都是肯定人性本善的根據[24]。因此，在「載行」人類世界的過程中，天的作爲只是間接的。像「君」與「師」，就代行天功，負責領導人民與教育人民（例㈢）；他們同時也是先知先覺之士（例㈣）。

在孟子心目中，君與師是「代天行教」的人。代天行教的人即是聖人，因爲「聖人之於天道」乃是性分之內的事（盡心下）。聖人先得「人心之所同然」（告子上），因此位居中介，聯結天與人[25]。這個中介

---

22 孟子當然也有「自然之天」的觀念，見〈梁惠王上〉、〈公孫丑下〉、〈離婁下〉等處。但是，孟子對於把自然看做「自然現象」並無興趣；相反的，他把自然當做人的「氣」可以充塞的領域，而這種「氣」是「集義所生者，非義襲而取之也」（公孫丑上）。由此可見孟子對於道德修養的深刻關懷。

23 關於「人之一本」，《禮記．郊特牲》有云：「萬物本乎天，人本乎祖。」可見天爲人類大本，祖先父母亦爲其本。對於人類有特殊意義的是「父母」，這是人倫之自發表現。就整體人類看來，還是必須推源於天。錢穆由儒家的理論體系比較孟子與荀子的思想，對於「人之一本」有不同的詮釋。參看錢氏，《莊老通辨》（香港：新亞研究所，一九五七），頁三六。

24 由例㈡的上下文看來，孟子引用這句詩的目的是爲了證明人性本善的想法。更有趣的是，緊接這句引文之後孟子說：「孔子曰：爲此詩者，其知道乎」（告子上）。孟子顯然相信孔子在人性問題上站在他的這一邊。

25 一方面，聖人依循天之道；孟子引述孔子所說：「大哉，堯之爲君，惟天爲大，惟堯則之」（滕文公上）。另一方面，聖人有責任教育百姓：「堯使契爲司徒，教以人倫：父子有親，君臣有義，夫婦有別，長幼有敘，朋友有信」（滕文公上）。

者負有雙重任務：一方面要以言論喚醒後知後覺者，另一方面要以行爲做爲萬民的楷模。所謂「喚醒」，就是助人自覺其天賦之性原可以成就完美的人格。孟子說：「堯舜與人同也」（離婁下），又說：「人皆可以爲堯舜」（告子下）。就聖人做爲萬民的楷模來看，則他正是承受「天爵」的「天吏」（公孫丑上）。天造生人類，然後委派天吏啓導人類自明其性，自成其德。人之道，經過啓蒙復明，正與天之道相契，甚至相合。但是要肯定天之道與人之道相合共契，我們首先還須澄清天的另一性格，亦即主宰者與啓示者。

乙、主宰之天與啓示之天

(一)詩云：畏天之威，于時保之。（梁惠王下）
(二)孟子曰：順天者昌，逆天者亡。（離婁上）
(三)詩云：天命靡常……孔子曰：仁不可爲眾也。（離婁上）
(四)太甲曰：天作孽，猶可違；自作孽，不可活。（公孫丑上），（離婁上）
(五)詩云：永言配命，自求多福。（離婁上）

上述錄自《詩經》與《書經》的引文，顯示孟子繼承了古代以天爲主宰者或統治者的信仰。因爲天是萬物主宰，所以國家安定與人民福祉都可以推源於天意（例(一)）。但是孟子並未強調天之主動的主宰性格，反而傾向於把天當做遍在自然世界與人類世界的客觀法則：「道」或「勢」。例(二)指出：國家的存亡之道，在於因應自然之勢[26]。這個自然之勢用「天」來代表，固然顯示了天之主宰性，但同時也顯示這種主宰性逐漸轉化爲客觀的規範。並因而讓人有「順逆」之餘地。

例(三)所云「天命靡常」並不是指天命本身無常，而是指天命「對人而言」顯得無常。因爲人有「順逆」的餘地，所以有「得」天命與「失」天命的可能性。順逆相對於得失而言，正足以證明天命有常。例(四)進一步肯定了人的主體性與責任性，因爲孟子接著說：「禍福無不自己求之者。」這並不表示人可與天畫清界限；相反的，由例(五)可知，人之道與天之道是協同一致，互相對應的。例(三)所載孔子云「仁不可爲眾也」，就是因爲仁是人之道，而人之道得天之道助佑，眾人是無法與之違抗對立的。換言之，在孟子心目中，主宰之天逐漸退隱幕後，由啓示之天所取代。所謂啓示之天，是指天是顯示「人之道」的本源，但並不主動干預人間的一切。茲舉以下數例以明：

(六) 孟子曰：天與之……天不言，以行與事示之而已；薦之於天而天受之，暴之於民而民受之。（萬章上）

(七) 泰誓曰：天視自我民視，天聽自我民聽。（萬章上）

26 例(二)所提及的「天」字，可以解釋爲自然勢力或自然現象。見史次耘，頁一八一。

(八) 孟子曰：民爲貴，社稷次之，君爲輕，是故得乎丘民而爲天子。（盡心下）

(九) 孟子曰：道在邇，而求諸遠；事在易，而求諸難。人人親其親，長其長，而天下平。（離婁上）

有些學者過分強調引文(六)的後半段，認爲天並無意志，同時假使天有意志的話，也完全取決於民意[27]。但是，事實擺在眼前：孟子認爲天雖不言，但仍然顯示其意志——以「行與事」示之，這種顯示使孟子可以形容舜之得天下是「天與之」。天仍是此一重大事件之終極本源。例(七)明白肯定了天與人之間的相互呼應與協同一致。「道」源之於天，但須配合人在現實世界的努力才能完成實現。這種想法並非孟子所獨創，但是孟子逐漸把重心由天轉換到人身上。唯其如此，孟子才能揭示民主政治的大綱領：「民爲貴」（例(八)）。古代聖王並非不重視人民的重要性，但是要到孟子闡明普遍人性之後，才能爲「貴民」思想提供理論上的依據。這種貴民思想在中國歷史上雖然不曾開展出民主政治的宏規，但仍代表了古代中國的理想政治典型。

所謂「民爲貴」，又是怎麼貴法呢？孟子強調「人人有貴於己者」（告子上），是說人人皆有仁義天性，可以成聖成賢。只要每一個人盡其天性，「親其親，長其長」，立刻就可以「天下平」（例(九)），因爲「道在邇」，人人皆有道德上的自主性。至於人是否有普遍要求追隨這種「道」，我們就必須進一步

27 勞思光，《中國哲學史》卷一（香港：中文大學，一九六八），頁一一三。

分析審判之天。

丙、審判之天

孟子天概念中最富創意的一點在於「審判之天」。我們曾在討論孔子思想時談到，審判之天對於孔子仍只停留在個人啓示的階段，尚未演爲公開宣示的理論。孔子曾以這一啓示體現於他個人對歷史事件的評價中[28]，孟子則進一步在人性中爲它找到依據。這也可以說是古代中國人在走向人文主義的長期過

28　這一點可以由孟子的兩段話加以說明：

(一)世衰道微，邪說暴行有作。臣弒其君者有之，子弒其父者有之。孔子懼，作春秋。春秋，天子之事也。(滕文公下)

(二)是故孔子曰：知我者，其惟春秋乎！罪我者，其惟春秋乎。(同前)

例(一)指出孟子對於「孔子作春秋」所了解的背景與理由。孔子所作的是「天子之事」，其效果則是「亂臣賊子懼」，因爲「春秋」的基本精神是「明辨是非善惡」。透過這樣的判斷明辨，天命才能在俗世產生意義，並爲人類標舉永恆的典範，亦即「禮」或「仁」之文化理念。

因此，我們可以認爲：孔子不僅相信審判之天，而且將他所信者付諸實踐。

再說，「春秋」若是天子之事，則孔子無異於代行天功，必須謹守絕對正義的原則。這是何等重大的任務！而孔子在例(二)所說的「知我者」與「罪我者」，並不一定是指當時的人或後代的人而言，更可能是指審判之天而言。換句話說，孔子把審判之天體現於人間的歷史與文化上，使此世與彼世成爲一個世界的兩個向度。

程中的一大成果[29]。我們也由孟子的啓發，可以肯定天是既超越又內在的，同時「天人合德」也成爲可以實現的理想。

審判之天可以由多方面加以了解，其中最重要的是以下兩方面：

第一，天的判斷顯示爲人的命運：

(一)君子創業垂統，爲可繼也；若夫成功，則天也。(梁惠王下)

(二)吾之不遇魯侯，天也。臧氏之子焉能使予不遇哉。(梁惠王下)

(三)莫之爲而爲者，天；莫之致而致者，命也。(萬章上)

(四)孔子進以禮，退以義；得之不得，曰有命。(萬章上)

由例(一)(二)可知，孟子以人世之成功與失敗，歸之於天的判斷之必然性與無可避免性。這種判斷對人而言即是命運的表現。顯然可見，天與命運之間有一種密切的因果關係：天與命甚至可以互換使用(如例(三))。就這一點看來，人的自由意志與道德性格受到嚴重的侵蝕。那麼，人應該對命運抱持什麼態度

29 徐復觀，頁一八二。

呢？以孔子爲例，他依然「進以禮，退以義」（例四），行其所當行。我們可以輕易發現：對孟子而言，命定論意義下的命運是不值得過分重視的[30]。孟子一生致力於揭示人的特殊品性，怎麼可能受阻於盲目的命運觀念呢？我們再看：

第二，天的判斷顯示爲人的使命：

(一) 君子行法以俟命而已矣。（盡心下）

(二) 修身以俟之，所以立命也。（盡心上）

(三) 莫非命也，順受其正。（盡心上）

(四) 盡其道而死者，正命也。（盡心上）

(五) 生，亦我所欲也；義，亦我所欲也。二者不可得兼，舍生而取義也。（告子上）

(六) 天下有道，以道殉身；天下無道，以身殉道。（盡心下）

(七) 仁也者，人也；合而言之，道也。（盡心下）

(八) 誠身有道；不明乎善，不誠其身矣。是故誠者天之道也；思誠者人之道也。（離婁上）

---

30 一方面，孟子感受命運的壓力，不得不相信自己的時候還沒有到，因爲「夫天未欲平治天下也」（公孫丑上）。另一方面，孟子依舊盡力而爲，他說：「我亦欲正人心、息邪說、距詖行，放淫辭，以承三聖者。予豈好辯哉，予不得已也」（滕文公下）。

(九) 盡其心者，知其性也；知其性，則知天矣。存其心，養其性，所以事天也。(盡心上)

(十) 萬物皆備於我矣。反身而誠，樂莫大焉。(盡心上)

人受之於天的除了性之外，當然也包括命運在內[31]。性與命的關係相當複雜，但是至少我們可以肯定：性有自身的法則，命則純屬盲目的必然。孟子修正這種命運觀念，提出「正命」之說。所謂「正命」，是指天所特別命於人者，亦即符合人性的基本法則者。如前所述，孟子主張人性的本質在於兼具「評價」與「訓令」雙重作用的「心」。這雙重作用肯定了人的「所是」正是他的「應是」。因此，行善避惡毋須另尋根據，而是內含於人性的基本要求：做人就必須做好人[32]。這種「有限的命定論」爲人的道德性格(亦即人的主體性與自由)留下了餘地。人的使命即指人的「正命」而言。

例(一)(二)所謂「行法」與「修身」，是指一個人盡其在我、努力修德，先求自己的人格臻於完美，然後「等待」使命之降臨。可見這種「等待」不是被動的與消極的，而正是「順受其正」(例(三))，接受自己的使命。生死的顧慮並非不重要。但是在面對人的使命，亦即「道」與「義」時，就退居次要的地位了(例(四)(五)(六))。這種超越生死之上的無上道德要求是天所賦予的[33]。凡是人，都與生俱有這種絕對命

31 孟洛，頁八五。
32 同上。
33 參看高田眞治，頁二四二—四三。

令，並且無法逃免這種必要判斷。接著，孟子提出關鍵的論斷：「仁也者，人也；合而言之，道也」(例七)[34]。這句話可以說是孟子人性論的核心。善，就像靈魂中的一點星光，潛藏在人心深處。只要一個人誠其身，忠實面對自己，就必定可以發現這一奧祕(例八)。天之道(誠者)即是人之道(思誠者)之反映。因此人「盡其心」，就能「知其性」，進而達到「知天」的程度；天與人之間的親密關係莫過於下面這一句話：「存其心，養其性，所以事天也」(例九)。我們可以由此肯定天是既超越又內在的，並且「天人合德」也成爲一種可能實現的理想了。這種肯定進而顯示了神祕主義的傾向[35]。例(十)正是孟子思想具有這一傾向的最佳例證。劉殿爵認爲孟子是神祕主義者，因爲「他不僅相信人可以藉著成全自己的道德本性而與宇宙合成一體，而且他對於宇宙的道德目的具有絕對的信仰。」[36]這裡所謂的「宇宙的道

---

34 史次耘認爲，這一段話發揮了孔子所說的「人能弘道，非道弘人」(衛靈公)。史氏的白話譯解是：「心德的仁，就是形體的人。把心德的仁和形體的人合起來說，便是道。」見史氏，頁三九五。

35 參看馮友蘭，頁一六四—一六五；秦家懿，頁九六。這種看法並非毫無根據。例如，孟子曾曾說：「夫君子所過者化，所存者神，上下與天地同流」(盡心上)；孟子又解說他所謂的「浩然之氣」如下：「其爲氣也，至大至剛，以直養而無害，則塞於天地之間」(公孫丑上)。然而，這種神秘主義的傾向並不必然源於一種泛神論的世界觀。以「泛神論」一詞形容孔子或孟子的哲學，實在並不恰當。見森三樹三郎，頁四八。但是，以「有神論」一詞形容孟子的哲學，也同樣的不恰當。誠然，孟子說過「西子蒙不潔，則人皆掩鼻而過之。雖有惡人，齋戒沐浴，則可以祀上帝」(離婁下)。這句話裡的「上帝」，只是一般習俗所相信之接受祭祀的上帝，並未告訴我們孟子所謂的上帝是何情狀。此外，許多註解都認爲這句話是比喻說法，目的在勉人去惡從善，成爲「君子」。見史次耘，頁二二九。

36 見劉殿爵所譯《孟子》英文本(Penguin Classics, 1970)，〈導論〉，頁四六。

德目的」正是本文所謂的「審判之天」的特性。於是乎，人類依其天性就是一位陪審官：亦即人心具有審判之天所賦予的評價與訓令雙重作用。

總括以上所論，孟子的哲學大業始於孔子所提出的至高理念，亦即統合的「仁」概念。爲了實現這一理念，孟子肯定人人天生賦有成「仁」的潛能。這個肯定其實是孔子「仁」概念合乎邏輯的推論結果，但其普遍性則需要再加證明。孟子的學說環繞著人性問題，就是基於這一需要。他界說人性爲善，強調人與禽獸之間「幾希」差異，亦即在於兼具評價與訓令作用的「心」。爲了肯定這種心之普遍有效，孟子必須溯源於一終極與絕對的本源。於是他訴諸傳統所信的「天」，並提出相當新穎的詮釋。

造生之天與載行之天不僅賜人生命。而且賦人以敏感易覺之心做爲人的本質。「載行」之義在於先知先覺之士對於後知後覺者的「覺醒」與「示範」作用；亦即以聖人做爲天之中介。人一旦覺醒，就能體認他原本得自於天的本性。因此，啓示之天要靠人的配合才能發揮效用；這種信念引發了中國古代民主政治的理想。孟子以命運與使命來區分審判之天，由此推展出一套有限度的命定論。這樣一來，人的道德性格獲得存在的餘地；更恰當地說，孟子肯定了人的「所是」就是人的「應是」。最後，人發現自己的「心」是天之縮影；透過這個「心」的發用，天人合德不僅是可能的，而是必要的。假使缺乏本文所論的這一層了解，則孟子的人文主義將難免淪爲未完成的交響曲。

第七章
荀子

荀子（生平約當西元前三一三—二三八年）繼孔子與孟子之後，成爲古典儒家的第三位代表，但是思想路徑卻與孟子截然不同。荀子與孟子的關係，常被學者拿來同希臘哲人亞里斯多德與柏拉圖的關係對照比附[1]。荀子正如孟子，宣稱自己是孔子學說的眞正傳人，但其重點完全放在「禮」上[2]。筆者在本書

1 德效騫（H. H. Dubs）《荀子：古代儒家的塑造者》（*Hsüntze The Moulder of Ancient Confucianism*）（London: Arthur Probsthain, 1927），頁五〇；陳榮捷《中國哲學資料書》，頁一一五。

2 這一點本文稍後還會討論。與荀子有關的一件重要史實是：古代經典，如五經，大多經由荀子之門傳諸後代。參看梁啓超，《中國學術思想變遷之大勢》（台北：幼師，一九六三），頁二四四。有關這一史實的詳細討論，見項退結，〈荀子在中國哲學史中的關鍵地位及其現代意義〉，《哲學與文化》卷九，期十（一九八二），頁七二二—二四。

第五章討論孔子時曾經指出：禮與仁是孔子思想中的兩大支柱；然後在本書第六章討論孟子時闡述：孟子如何推展仁的理念，並提供一套理論依據。儘管孟荀二人在人性論上的立場針鋒相對，但是這並無損於他們各自在孔子學說中找到足以自圓其說的線索。從這個角度看來，他們兩人的思想頗有相反相成的互補意義[3]。然而，孟荀之間的差異卻在歷史上演變爲越來越大的裂痕，以致於兩者竟有儒學之正統與異黨之分。事實上，孟子與荀子出自同一傳統，他們都相信人有不斷成全的潛能，仁義爲至高品德，政治與教育皆不可或缺等等[4]，那麼他們二人所得的評價爲何如此歧異呢？我想，這個問題的答案在於他們截然不同的探討路徑，以及隨後而來的理論建構。荀子對於「天」、「人性」與「禮」這三個根本問題所採取探討的路徑，與孟子的大相逕庭，結果竟致於無法維持本身理論的統合性。在這種情況下，荀子的思想重心與終極關懷無法形成一貫的體系。本文以下將在評介荀子學說時，設法指明這一點。

如所周知，荀子公然反對孟子的學說。事實上，他還以矯正孟子對儒家傳統的誤解，作爲自己的首要目標。這個目標，在恰當了解之後，正是我們討論荀子思想的一個很好的出發點。荀子在「非十二子篇」以「仁人」自居，決定從事一項偉大的工作，就是：「上則法舜禹之制，下則法仲尼子弓之義，以務息十二子之說。」[5]他所批評的十二位哲學家之中，只有子思(孔子之孫，一般以《中庸》爲其所作)與

3 余英時，《「哲學突破」與中國心靈》(*"Philosophical Breakthrough" and the Chinese Mind*)，頁二七。

4 陳榮捷，頁一一五。

5 子弓的身分至今仍無定論。一說以子弓爲傳揚孔門易教的馯臂子弓，荀子曾師事之。此說爲唐代韓愈所主張，至

孟子二人屬於荀子所從出的儒家傳統。孟子究竟在哪一方面曲解了儒家傳統呢？依荀子之見，孟子對「五行」的詮釋最讓人無法忍受。「五行」或「五種品性」原屬不同層次，現在被孟子混為一談，造成「僻違而無類，幽隱而無說，閉約而無解」的後果[6]。可惜的是，現存「孟子」一書無法告訴我們這「五行」的具體內容。然而，根據一篇新近出土的手稿，我們似乎可以同意下述說法：孟子所謂的「五行」係指「仁、義、禮、智、聖」，其中的「仁、義、禮、智」屬於一個層次，而「聖」屬於另一層次。換句話說，「聖」屬於天之道，其餘四者屬於人之道[7]。荀子認為：孟子混淆了天之道與人之道，因而曲解了儒家傳統。姑不論「混淆」一詞是否恰當，孟子至少在理論上連結了天人之際的斷層。相對於此，荀子致力於澄清天人之分野，並循此推出其邏輯結論。那麼，這個與人分道揚鑣之天是什麼？這種情形下，留給人的人性又是什麼？人又須自何處找到他的存在之終極基礎？為了回答這些問題，我們將依次討論荀子的三個核心概念：天、人性與禮。

（續）今仍有支持者。見熊公哲，《荀子今註今譯》（台北：商務，一九七五），頁八六。另一說則以子弓為孔子的親傳弟子仲弓。見李滌生，《荀子集釋》（台北：學生，一九七九），頁七五。

6 解說見龐朴，〈思孟五行新考〉，《文物》卷七（一九七九，十二月）頁一六五—七一。

7 同上，頁一七一。

一、天

我們曾以「造生者」、「載行者」、「主宰者」、「啓示者」與「審判者」這五個專名來討論孔子與孟子的「天」概念，並分別整理出相當一貫的理論系統。當我們轉向荀子的「天」概念時，立即發現這些範疇縱使不是完全不適用，也變得毫無重要性了[8]。荀子「論天」時的一大特色，是一再以「天地」並稱使用。「天」與「地」並稱時，所指的是自然世界或「自然界」；這種自然界兼具造生者與載行者之義，但有一重大限制。這一限制見之於以下三點：第一，荀子曾經引用「天生烝民」一語（榮辱）[9]，又說：「天地者，生之始也」（王制）；可見他仍然受到傳統「造生之天」的信仰所影響，但

8　《荀子》一書「帝」字共七見。其中兩處是《詩經》引文：「不識不知，順帝之則」（修身），「匪上帝不時，殷不用舊」（非十二子）。另外四處的「帝」皆爲比喻用法，如「百姓貴之如帝」（富國），以及見於（王霸、彊國、正論）者。最後一處的「帝」則可能係「常」字之誤。見李滌生，頁五八九；熊公哲，頁五二〇。荀子或許繼承了傳統的「帝」概念，但是這個概念在他的思想中並無重要性。此外，傳統以「天」爲主宰者的觀念亦見於（不苟、榮辱、非相、致士、正論、禮論、大略）各篇。同樣的，這種「天」概念在荀子哲學中亦無重要性。參看李杜，《中西哲學思想中的天道與上帝》（台北：聯經，一九七八），頁一七二—七四。

9　《荀子》引文主要根據王先謙，《荀子集解》（台北：世界，一九六七）。

是僅止於此。第二，「載行之天」在荀子心中只具備自然主義的含意[10]。荀子說：「天地生之，聖人成之」（富國）；更明確的說法是：「天地生君子，君子理天地」（王制）。第三，天地若無法滿全載行者的功能，則將自然喪失啓示者與審判者的角色。荀子就在這一點上與孟子大異其趣[11]。

天地若不能扮演啓示者與審判者，那麼這兩方面的角色由誰取代呢？由聖人或君子[12]。荀子說：

> 天能生物不能辨物也。地能載人不能治人也；宇中萬物生人之屬，待聖人然後分也。（禮論）

荀子又說：「無君子，則天地不理」（王制）。因此，聖人或君子可以被尊爲「天地之參」（王制），與天地共同完成萬物與人世的化育工作。這種以聖賢之士參贊天地育化的觀點不僅貫穿荀子全書，也是早期

---

10 荀子〈天論篇〉講的最明白：「天行有常，不爲堯存，不爲桀亡……不可以怨天，其道然也。」有關荀子自然主義的天，見德效騫的討論，頁一六二。

11 這也是荀子異於孔子之處。費爾(N.E. Fell)指出，荀子的天是「不可知的與非人格的」，並且天對他而言，只代表萬物自身不可變易的性格，以及人間事務難以測度的原因。見費爾，《禮：文學與生命中的禮節與儀式》(*Li, Rites and Propriety in Literature and Life*)(香港：中文大學，一九七一)，頁一七九。

12 瞿同祖認爲，荀子爲「君子」一名提出新的界說，完全擺脫地位的考慮，而強調品德，亦即個人的人格條件。見〈中國的階級結構及其意識型態〉("Chinese Class Structure and Its Ideology")，收於費正清(J. K. Fairbank)編，《中國之思想與制度》(Chinese Thought and Institutions)(芝加哥大學，一九五七)，頁二四四。

儒家的主要信念之一。但是，在荀子看來，人之所以能夠參贊化育是基於以下兩點事實：㈠天地只是自然世界，必須遵循本身的法則，因而與人類的道德性格毫無關係；㈡一切文化上的建樹，像政治制度與倫理規範，都是純屬人類自己的事。換言之，荀子之人與天地共參的觀念，不僅清楚辨明人與天地的關係，而且極力強調兩者之間的分際（天論）[13]。

做爲運行無已的自然法則，天地當然不能爲人世之治亂負任何責任。因此荀子說：「故君子敬其在己者，而不慕其在天者」（天論）。超自然的力量對於人世的影響，在此似乎被完全排除了[14]。這種自我依恃的態度並不局限於道德領域，它還延伸爲人對自然所採取的一種自然主義或甚至科學主義的立場。荀子說：

> 大天而思之，孰與物畜而制之！
> 從天而頌之，孰與制天命而用之！
> 望時而待之，孰與應時而使之！

13　關於荀子「明天人之分」的政治涵義，見蕭公權，《中國政治思想史》（英譯本：普林斯頓大學，一九七九）卷一，頁二〇六——一一。

14　陳榮捷，頁一二一。項退結認爲荀子的天地對世界是「無知而有愛意」的。但是「無知」與「愛意」這兩種性格如何協調，則不易證實。見項氏，頁七九六。

因物而多之，孰與騁能而化之！
思物而物之，孰與理物而勿失之也！
願於物之所以生，孰與有物之所以成！
故錯人而思天，則失萬物之情。（天論）[15]

這樣的天概念對於孔子、孟子而言，無異於一大革命。荀子把天的人格化面貌與屬性完全化解，或許是受到老子以「道」爲普遍自然法則的觀點所影響[16]，但是他並未因而接受早期道家在形上學方面的暗示[17]。荀子心目中的天，既無意志也無目的。他所謂的「天職」是「不爲而成，不求而得」；極近於孟子所謂的「命運」[18]。他對「命運之天」採取非常明確的態度：「唯聖人爲不求知天」（天論）。他所努力了解的是天人之間的分際：「故明於天人之分，則可謂至人矣」（天論）。

---

15 這一段話幾乎可以說是人對傳統「天」概念所發表的獨立宣言。即使道家經典亦很難表現得比它更清爽。

16 德效騫，頁六二；徐復觀，《中國人性論史》（台北：商務，一九七七），頁二二七。

17 參看徐復觀，頁二二六—二二七；費爾，頁一九九—二〇〇；森三樹三郎甚至認爲，荀子〈禮論篇〉、〈解蔽篇〉與〈哀公篇〉中的道家言論皆爲後代學者所僞加；見森氏《自上古至漢代性命觀之展開》（東京，一九七一），頁六四—六六。

18 參看本書前一章討論孟子的相關部分。

面對自然之天，人必須對於現世的治亂自行負責。更準確地說，與天地並稱為「參」的是聖人或君子，他們必須負起人世的最大責任。因此，接著我們要請教荀子：怎麼樣的人可以稱為聖人或君子？聖人與常人之間有無本質上的差異？他們具有共同的人性嗎？以下我們試行探討這些問題。

二、人性

荀子顯然相信人的天生本性是平等的，他說：「材性知能，君子小人一也」（榮辱）。聖人亦不例外：「凡人之性者，堯舜之與桀跖，其性一也；君子之與小人，其性一也」（性惡）。在我們追問善人與惡人，或君子與小人的分際之前，不妨先認清荀子所說的「人性」究竟何所指。

荀子以「人性」代表人所生而有者（榮辱、彊國），這是傳統的「生之謂性」的看法。他更明確指出：「凡性者，天之就也，不可學，不可事」（性惡）。荀子基於經驗的觀察，認為人的「不可學、不可事」之性包含以下三種內容：官能的欲望、官能的能力與性格的可塑性[19]。荀子似乎以人的本能為其本性，而其本性自身又是中立的物事[20]。既然如此，他為何又在〈性惡篇〉一開頭就斬釘截鐵地斷定人是

19 徐復觀，頁二三〇—三二。

20 唐君毅，《中國哲學原論：原性篇》（香港：人生，一九六六），頁四八，李滌生，頁五三八。

性惡的呢[21]？

荀子主張「性惡」的理由是：假使人人順著本能的傾向發展，「從人之性，順人之情，必出於爭奪，合於犯分亂理，而歸於暴」（性惡）。這樣的結局將徹底毀滅和諧的社會，當然可以說是「惡」了。我們可以同意：荀子在提出性惡論時，心中是以一種道德與文化的理想主義爲念[22]。但是，以人性所引生的結果來界說人性，卻絕不是我們一般所取的定義方式或理解途徑。難道荀子不曾發現人與禽獸之間的差異嗎？假使他發現的話，爲何不透過這種差異來定義人的本質呢？

依荀子之見，人之所以爲人，而異於禽獸之處，「以其有辨也」（非相）。這個「辨」是指辨別是非善惡的判斷力。人之所以異於禽獸而「最爲天下貴」的理由是「人有氣、有生、有知，亦且有義」（王制）。因此，「辨」與「義」應該屬於人性，並且可以適度推廣爲「禮」與「義」——這兩者當然屬於

21 金谷治經過仔細的訓詁考證之後，主張〈性惡篇〉的第一部分並非荀子本人所作。見金谷治，〈荀子人性論研究〉，《日本學人》卷十，期一（一九五一），頁三一。孟洛（D. J. Munro）據此線索推知：《荀子》一書的其餘部分，皆不以人性爲「惡」，僅以之爲「未發展之物」。見孟洛，《早期中國的人概念》（*The Concept of Man in Early China*）（史丹福大學，一九六九），見七八。但是這種觀點仍在爭議之中。例如，費爾，頁一九六，註二二。

22 見唐君毅，頁四九。但是錢穆則認爲荀子的理論仍停留在功利主義的層次。見錢氏《莊老通辨》（香港：新亞研究所，一九五七），頁二六三。

善的一面[23]。假使荀子依此途徑界說人性，他與孟子就沒有任何嚴重分歧了[24]。然而，事實上荀子把「禮」與「義」看成人爲造作的結果與後天修鍊的品德。他進而以「性」與「僞」(人爲)放在對立的地位，反過來責怪孟子未見兩者之分，以致陷於錯誤的人性理論。但是，站在孟子的立場，我們可以反問荀子；爲何不由人與禽獸的差異處來界說人性？捨此途徑，你又如何能夠掌握人的本質？

荀子並未正視這一類問題，轉而繼續設法連繫人的本性與人爲造作。換句話說，假使人性本惡，那麼人爲造作之善由何而來？爲了解決這個問題，荀子特別注意兩個要點，亦即內在的人心與外在的聖人。

荀子的「心」概念在意義上並非首尾一貫的。我們發現他以「心」表達以下三種含意：第一，心是人的情感本性中的一項要素[25]。這時，心與耳目口鼻無異，所好的是「佚」與「利」(王霸)。荀子說：「人無師無法，則其心正其口腹也」(榮辱)。第二，心的地位高於其他官能。「心居中虛，以治五官，夫是之謂天君」(天論)。這樣的心與孟子所謂的「心」非常近似[26]。荀子說：「心者，形之君也，而神

---

23 詳細討論見孟洛，頁七八—七九。

24 這是孟洛所支持的論點。他從幾個觀點分析荀子的「心」概念，然後論斷；這些觀點都不曾顯示荀子的「心」概念與孟子的「心」概念在基本上有任何衝突。孟氏，頁八一。

25 荀子有時以人性、情感與慾望互換使用。見熊公哲，前言，頁三。

26 參看高田眞治，《支那思想之研究》(東京，一九四二)，頁二六〇。

明之主也，出令而無所受令」（解蔽）。因此，心似乎也具備「評價」與「訓令」雙重作用[27]。事實上，這種意義的心本身就是道德的一個根源。既然這個心屬於人性所具，爲何荀子依舊堅持人性本惡呢？

問題是，荀子不以這個心本身做爲衡量萬物之獨立的判準。心若想成爲萬物的判準，亦即展示心的第三種意義，必須進入「虛壹而靜」的狀態，亦即「體道」的境界。荀子形容這種境界如下：

> 虛壹而靜，謂之大清明。萬物莫形而不見，莫見而不論，莫論而失位。坐於室而見四海，處於今而論久遠。疏觀萬物而知其情，參稽治亂而通其度，經緯天地而材官萬物，制割大理而宇宙裡矣。（解蔽）

這種意義的「心」在荀子思想中最爲緊要。他所謂的「善」係指人爲之「僞」，而僞之形成必須依靠心的發用：「情然而心爲之擇謂之慮，心慮而能爲之動謂之僞」（正名）。但是心之選擇與思慮永遠是正確的嗎？這個問題的答案是：有條件的正確。荀子說：「治亂在於心之所可」（正名），可見心的選擇與思慮可以導一國於治，也可以陷一國於亂。那麼，心之所以產生正確發用的「條件」是什麼？這個問題的答案已經在前面說過了，就是「道」。荀子說：「心也者，道之工宰也。道也者，治之經理也」（正

27 孟洛，頁七八—八〇

名）[28]。可見，心並不能獨立地做爲終極的判準，以決定國家之治亂與人爲之善惡。此一判準應在「道」。荀子明白指出：

> 道者，古今之正權也；離道而內自擇，則不知禍福之所託。（正名）

於此我們要再問：究竟什麼是「道」？

在探討這個問題以前，我們應該先把本節所論荀子聯繫人的惡性與人的善僞之第二項要點——聖人，稍加檢視。我們在第一節評述荀子的天概念時，曾經強調聖人的優越地位足以與天地共參。聖人既與常人一樣，具有相同本性，那麼他是如何成就一位聖人的？荀子說，「聖人化性而起僞」（性惡）。可見「聖德」並非內在本具，而是後天積學爲善的成效：「積善而全盡謂之聖人」（儒效）。化性與積善之間的關係相當複雜，不是本文所能盡述[29]。我們在此只想肯定一點，就是荀子與孟子一樣，都肯定人的可完美性（性惡）。問題是：這種自我改善的行爲究竟由何而生？亦即，人類行善避惡的來源是什麼？由於人性本惡，此一來源必須求之於外。荀子主張：此一來源即是「道」，而「道」體現於「禮」（禮

28　一般注家多以「工宰」爲「主宰」，其實大有問題。因爲「心爲道之主宰」與《荀子》全書論道之處完全不合，心必須「知道」、「體道」、「行道」，其角色就像道之執行者，而不是道之主宰。

29　參看徐復觀，頁二四九—五四。

論）。他說：「人無禮則不生，事無禮則不成，國家無禮則不寧」（修身）。假使進一步追問「禮」的來源，則荀子或歸之於古代聖王（王制），或歸之於聖人（性惡）的製作。我們在此似乎面臨一個循環論證：聖人制禮，禮又導人於聖。為了澄清這個問題並揭示荀子思想的最終依據，我們必須針對「禮」概念進行討論。

三、禮

《荀子》一書三十二篇雖然不是篇篇以「禮」為核心，但是「禮」無疑是荀子的終極關懷。「禮」在孔子以前的時代，曾經是統合的理念；直到孔子才將它轉化並傳承於「仁」。孟子接著推展孔子的仁學，但是荀子對於孟子的作法極不滿意，乃再度回溯「禮」概念，並重新加以錘鍊及強調。我們將由以下三點探討荀子的禮論。

甲、禮作為「道」

「禮者，人之所履也」（大略），可見禮是人所踐履遵行的途徑；但它並非毫無目的：「將原先王，本仁義，則禮正其經緯蹊徑也」（勸學）。禮是古代聖王的製作發明，是「人之道」，而非天地之道：「禮者，人主之所以為群臣尺寸尋丈檢式也，人倫盡矣」（儒效）。

假使沒有禮，則凡人無法自勵其德，成就君子（修身、不苟、儒效）；假使沒有禮，則人際關係將陷於混亂，引起社會動盪（君道）；假使沒有禮，則君王無法治國安邦，百姓亦將流離失所（王霸、議兵）。荀子說：「禮者，表也；非禮，昏世也；昏世，大亂也」（天論）。

假使一種哲學完全局限於現實世界的話，則這樣的「禮」正扮演了主宰者或統治者的角色[30]。「禮」是唯一的「道」，將爲個人、家庭、政府、君王指出正確的途徑[31]。荀子堅信：「天下從之（禮）者治，不從者亂；從之者安，不從者危；從之者存，不從者亡」（禮論）。

乙、禮作為判準

所謂「判準」，是指判斷所憑藉的標準。禮若是人生的唯一常道，則它自然會展示審判者的功能[32]。撇開這一功能，則禮的一切力量將完全落空。問題是：假使人類沒有行善避惡之絕對要求，爲何他應該依從「禮」的指示呢？

荀子相當清楚這個難題，他的解決辦法是以「禮義」並用，以顯示禮的強制性與訓令性。本文不擬

30 在荀子看來，禮的角色是「天下萬物的終極規範」。見費甬，頁一八二。

31 就這種意義看來，禮代表一套理想的社會體系，使各個階層的人和諧共處。

32 在此，禮可被視爲「一項無上命令，其基礎在於某種類似形上學第一原理之物。」見費甬，頁一七九。

在此深論荀子的「禮義」與孟子的「仁義」有何異同[33]。但是這幾個重要概念之間的關係卻在荀子的一段話中看出：

> 君子處仁以義，然後仁也；行義以禮，然後義也；制禮反本成末，三者皆通，然後道也。（大略）

就禮之做爲判準來看，它與義可以等同互換。禮是人類的應行正道，義是「所以限禁人之爲惡與姦者也」（彊國）。不僅如此，義還是「內節於人，而外節於萬物者也」（彊國）。這樣的要求或訓令是絕對的。因此荀子說：「君子畏患而不避義死」（不苟）。這與孔子「殺身成仁」、孟子「舍生取義」的箴言是完全一致的。具備這種「德操」，則「權利不能傾也，群眾不能移也，天下不能蕩也；生由乎是，死由乎是」（勸學）。由「義」所生的類似效果，亦見於荀子對君子之勇與聖人之道的描述上（榮辱、儒效）。根據上述這些說法，我們不宜批評荀子未能給絕對道德要求提供終極基礎[34]。我們應該追問的是：荀子對於這一終極基礎是否提出完備而整全的解說？

33　有關這兩組概念的比較，見熊公哲，〈孟子仁義與荀子禮義其辨如何〉，《孔孟學報》期一六（一九六八），頁一一九—四一。

34　見劉殿爵，《孟子與荀子的人性論》（"Theories of Human Nature in Mencius And Shyuntzy"），《東方與非洲研究學院學報》卷一五，部三（一九五三），頁五六五。

這個問題還可以稍作說明。禮做為「道」，確實在人類世界扮演主宰者與啓示者（啓示人何者當行與何者不當行）的角色。假使以人類世界爲唯一的存在領域，那麼禮的兩種角色是可以成立的。但是，一旦禮要扮演審判者的角色，亦即做爲絕對判準時，情況就比較複雜了。根據荀子的學說，禮與義並非人性天生所具，而是先王或聖人所制訂的。假使先王與聖人也具有像常人一般的本性——這是荀子的主張——，他們又憑什麼向人類提出「禮義」之類的絕對要求呢[35]？這一絕對要求又如何與人性拉上關係？爲了回答這些問題，我們必須一探禮之來源。

丙、禮之來源

荀子在〈禮論篇〉一開頭就：「禮起於何也？」他的答案似乎是工具主義式的。因爲人生而有欲，順其欲而不加限制則將導致社會大亂。「先王惡其亂也，故制禮義以分之，以養人之欲，給人之求」（禮論）。那麼，先王制禮所根據的典範是什麼？荀子說：「禮有三本：天地者，生之本也；先祖者，類之本也；君師者，治之本也。」「故禮，上事天，下事地，尊先祖，而隆君師」（禮論）。這個答案中最使我們感到興趣的，無疑是「天地」的出現。「天地」不是已經被荀子排拒在人類世界之外了嗎？爲了

35 傅斯年也曾提及這個問題，見傅氏《性命古訓辨正》，《傅斯年全集》（台北：聯經，一九八〇），卷二，頁三六九。高田眞治則認爲，荀子在不知不覺中承認了性善論的依據，不然他不應該主張「塗之人可以爲禹。」高田氏，頁二五九。

弄清這一點，我們應該先設法了解荀子在這裡所說的「天地」究竟是什麼意思？

先王在制訂禮時，「上取象於天，下取象於地，中取則於人」（禮論）。這裡的「天、地、人」之間的關係，似乎遠較荀子在別處所說的更爲密切。至於在「樂」的制作方面，天地也扮演同樣的重要角色（樂論）。天與人的關係似乎又回到儒家的老路：「君子大心則天而道」（不苟）。這個天絕不是自然主義的天所能指涉的。

如此構成之禮顯示出極大效應：「天地以合，日月以明，四時以序，星辰以行，江河以流，萬物以昌」（禮論）。這句話是荀子全書最富形上意味的[36]。這句話的宗教義蘊也相當清楚：人制訂禮之後，透過禮與萬物發生適當關係，並因而能與萬物結合爲一。然而，這一思想路徑卻不曾受到荀子的認眞考慮；不然的話，他很可能會全面修訂他對天與人性的看法[37]。亦即，人性不可能全屬惡性，天也並非全與人性涇渭分明[38]。荀子顯然無意轉到這樣的結論上去。他寧可把禮的來源，亦即絕對權威，推到先王

36 荀子這一段話似乎把禮「當成一種宇宙原理」。見孟洛，頁三三。

37 森三樹三郎認爲，從荀子的天概念看來，他不應該期待品德與幸福之間會產生任何對應關係。但是荀子明明說：「榮辱之來，必象其德」；「積善成德，而神明自得，聖心備焉」（勸學）。假使荀子繼續發展這一思想路徑（亦即，德福相應之說），則勢須修訂他的人性論與天論。

38 也有研究指出：荀子不但不曾反對孟子的天論與人論，反而接上孟子的理論向前推展，因爲荀子認爲：人越知道天人之分，則越能保存他所擁有的天。因此荀子對人的了解是基於「天人合一」的觀念。見島一，〈孔孟和荀子在天人論方面的異同〉，魏常海中譯，《中國哲學史研究》，一九八三，期一，頁一〇一。這種看法值得深究，

身上，而不去追究深一層的問題[39]。他承認：「凡禮……是百王之所同，古今之所一也，未有知其所由來者也」（禮論）。由此可見，荀子的循環論證推到最後還是無法自圓其說。這也可以說明：何以荀子一方面急於把傳統權威化成絕對之物，另一方面又把禮化成外在的具體法律與儀式[40]。

總結以上所論：荀子第一步把天化爲中立之物，成爲純粹的自然界，並且使人性問題孤立於現實世界之中，然後由情感與欲望的角度來界說人性，提出人性本惡的理論。不過，身爲儒家的一分子，他繼承了人的可完美性這一信念。那麼，人在行善避惡時所需要的「評價」能力與「訓令」要求由何而來？他設法由內在的人心與外在的聖人這兩方面來尋找答案；最後兩者皆推源於「禮」做爲最後依據。然而，仔細探討禮的本源，我們又回到絕對化的傳統，亦即無法再讓人深究的權威。縱使荀子的「禮」能夠滿全啓示者與局部審判者的功能，並因而使宗教向度仍有存在的餘地，但是他的哲學就整體看來，實在是一未完成的圓。

（續）但是孟子與荀子是否有相同的「天人合一」觀念，則不易證明。

39　津田左右吉據此批評荀子論及禮的本源時，其根本依據極不穩當。見津田，《津田左右吉全書》（東京，岩波書店，一九六四），卷一三，頁一五〇。

40　徐復觀，頁二五三。關於這種作法，費爾指出：「由於少數人，甚至一人的傑出成就，能以智慧與努力在每一時代，把權力與正義集中在他自己身上，才能造成這種情形。我們之所以是善的，正是因爲我們生存於聖王的權威之下。」費爾，頁一六七。

第八章
《易傳》

現行《易經》一書，合「經」、「傳」兩部分而成。這兩部分的撰寫年代相隔恐怕甚遠。「經」含六十四個卦象以及每卦之後簡短的「卦辭」與「爻辭」。卦辭與爻辭的作者或說爲孔子[1]，或說爲周初不知名之士[2]；而六十四卦本身以及原始八卦，則可分別追溯於周文王與包犧氏——傳說中最早的一位

1 錢基博，《周易解題及其讀法》（台北：商務，一九七六），頁一二；陳夢家，《郭沫若「周易的構成時代」附錄》（上海：商務，一九四〇），頁七六。

2 顧頡剛，〈周易卦爻辭中的故事〉，《古史辨》（香港：太平，一九六三），卷三，頁四三；余永梁，〈易卦爻辭的時代及其作者〉，《古史辨》卷三，頁一五七起；李鏡池，《周易探源》（中華，一九七八），頁二九七—三〇〇；屈萬里，《周易卦爻辭成於周武王時考》，見《書傭論學集》，頁七—二八。

聖王[3]。我們不擬在此深究這個問題，因爲「經」的內容主要用於「卜筮」[4]。至於「傳」，俗稱「十翼」，則包含以下十篇：彖上下、象上下、繫辭上下、文言、說卦、序卦、雜卦。關於《易傳》的作者，唐朝孔穎達說：「以爲孔子所作，先儒更無異論。」[5]這種看法到了宋朝歐陽修以後引起許多爭議[6]。就目前的研究趨勢看來，多數學者主張「十翼」均非出自孔子之手[7]。從使如此，「十翼」爲何時何人所作的問題，仍舊是大可爭議的。本文暫且採取下述立場：㈠「十翼」並非一人一時所作。㈡「十翼」的某些部分，尤其是提及「子曰」者，應該是孔門弟子所傳[8]，並屬於儒家傳統。㈢「十翼」編

3 此說初見於《易傳》（繫辭下）與《史記》（周本紀）。根據近年出土的甲骨文看來，此說可信度極高。參看汪寧生，〈八卦起源〉，《考古》，一九七六，期四，頁二四二—四五；張政烺，〈試釋周初青銅器銘文中的易卦〉，《考古學報》，一九八〇，期四，頁四〇三—一五；徐錫台、樓宇棟，〈西周卦畫試說〉，《中國哲學》卷三（一九八〇），頁一三—一九。

4 朱熹，《周易本義》卷一（四庫全書珍本六集，第一號；台北：商務），頁一。這個意見普遍被人接受。例如：高亨，《周易古經今注》（中華，一九五七），重印說明，頁一—四；李鏡池，《周易探源》，〈序〉，頁五—八。

5 孔穎達，《周易正義》，見《十三經注疏》，周易部分，頁七。

6 歐陽修，〈易童子問〉（《廬陵歐陽文忠公全集》，卷七六；孝思堂藏板），卷三，一—八。

7 錢穆，〈易經研究〉，《中國學術思想史論叢》卷一，頁一八三—八五；李鏡池，頁二九七—三〇〇。

8 錢基博，頁一二。

集成書的年代應與《荀子》一書相近[9]，亦即成於戰國時代[10]。由於成書年代較晚，《易傳》可能曾受道家影響[11]，但其基本精神仍屬儒家[12]。戴君仁說得好：

> 性與天道乃孔子罕言者。此事子貢曾在《論語》中表示惋惜。迨至戰國時代，孟子深究人性，《易傳》討論天道；此正為儒家的進一步發展。[13]

《易傳》確實是討論天道之書，但其重點在於天人之間的互動關係[14]。為了說明這一點，本文將依

---

9 郭沫若主張《易傳》成書後於荀子；戴君仁則認為《易傳》先於荀子。分別參看郭氏，《周易的構成時代》，頁三一；戴氏，《談易》（台北：開明，一九六〇），頁二六起。

10 此說獲得晚近研究的大力支持。見張岱年，〈論易大傳的著作年代與哲學思想〉，《中國哲學》卷一（一九七九），頁一二七；高亨，《周易大傳今注》（齊魯，一九七九），卷首，頁六—八。

11 錢穆，《易經研究》，頁一八六—八九。

12 錢穆，〈易傳與小戴禮記中的宇宙論〉，見《論叢》卷二，頁二五六起。錢氏主張：《易傳》的人生論屬於正統儒家，宇宙論則融合了道家的基本要素（頁二六〇）。亦見戴君仁，頁二八。

13 戴君仁，頁一七—一八。

14 參看衛海慕（Hellmut Wihelm），〈天地人之互動關係〉，見《易經中的天地人》〈*Heaven, Earth, and Man in the Book of Changes*〉（西雅圖：華盛頓大學，一九七七），頁一五一—六三。衛氏在另一處說：《易傳》首先要討論的，是人在宇宙中的地位與角色（頁五二）。

次探討下述觀念：易、天、神、聖人與君子。

一、「易」的意義

《周易乾鑿度》是最早的易注之一，它在論及易之名時說：「易一名而含三義：所謂易也，變易也，不易也。」[15]這三義的後二義非常清楚，亦即：變易係指現實世界千變萬化的現象，不易係指這些變化現象背後的常法或規則。至於易的第一義「易」，漢儒鄭玄解爲「易簡」（取「易則易知、簡則易從」之義）[16]。這種解法恐怕有些問題。從《易傳》看來，只有聖人才能掌握易的原理：「夫易，聖人之所以極深而研幾也」（繫辭下）。這種極深而研幾的工夫絕不是容易與簡單的。只有當聖人已經完成這種工夫，展示易的效用時，才有「易簡」可言。易的效用將使天下萬物自然轉化：「聖人感人心而天下和平」（彖：咸）[17]，「聖人神道設教而天下服矣」（彖：觀）。這樣的效用確實可以形容爲「易簡」；譬如天地的變化之道雖然複雜，聖人假使善加掌握是可以「垂衣裳而天下治」的（繫辭下）。《易傳》若是著

15 見《周易乾鑿度》《四庫全書珍本別集》，第十三號；台北：商務〉，頁一。

16 鄭玄，〈易論〉；引於孔穎達，《周易正義》，卷首，頁二。

17 此爲：彖傳咸卦（或咸卦彖傳）之簡寫。

重在這一方面，則將接近道家的精神[18]。然而《易傳》所強調的毋寧是天道之變易與不易，以及聖人如何從天地變化之象，體察出天地變化之道與順天應人之理。

因此，後來周簡子就不以「易簡」來解釋這第一個「易」字。他說：「易者，易代之名。凡有無相代，彼此相易，皆是易義。」[19]這種解法在某些學者看來較爲可取[20]，但是筆者看不出有任何充足理由要把「易代」與「變易」分別視爲解「易」之義。因爲「易代」或「交易」(exchange)實屬「變易」(change)之一必要因素，原是同一範疇的東西。所以，就「易」這個觀念而言，他主要包含兩大意義：變化之象(易與變易)與變化之道(不易)[21]。因爲變化之道恆存不替，聖人才有可能由之觀察與取法天之道。

就《易傳》這部書而言，它包含了天之道、人之道與地之道(繫辭下)。這三才之道是相通的，其共同性質爲「變動不拘，周流六虛」，因此需要聖人以憂患之心「初率其辭，而揆其方，既有典常」，掌

18 根據鄭玄的《周易乾鑿度》注解，我們發現鄭氏對第一個「易」字的了解著重於「易」的效用，因而非常接近道家的「無爲」觀念。參看《周易乾鑿度》，頁一。

19 周簡子此說引於孔穎達，《周易正義》，卷首，頁三。

20 例如，程石泉，《易學新探》(台北：文行，一九七九)，頁六七—六八。

21 錢鍾書對易之三義有不同認識。他把「不易」與「易簡」放在同一範疇。基本上，這仍是從兩個相反相成的角度來了解「易」。見錢氏，《管錐篇》卷一，頁六—七。

握住恒存之道。因爲道是不能憑空而行的，需要人來贊助而成：「苟非其人，道不虛行」（繫辭下）。人的重要性，尤其是聖人，在《易傳》備受強調。聖人觀察天之道，然後由之規畫人之道。

「易」以直接方式展現天之道。「乾坤」爲易之「蘊」（繫辭上）與「門戶」（繫辭下）。而乾坤這兩個基本符號正代表了天與地[22]。「天地之大德曰生」（繫辭下），而「生生之謂易」（繫辭上）。易不僅表現天的生生之德，而且也涵蓋了萬物的原始統合體。〈繫辭〉上說：「易有太極，是生兩儀，兩儀生四象，四象生八卦。」但是《易傳》對於渾然未分的原始統合體——太極，並未提出進一步的描述[23]。它只描述了易的功效：「夫易，開物成務，冒天下之道，如斯而已者也」（繫辭上）。「開物」表示天地生生之德的成果，「成務」表示聖人崇德廣業的績效，「冒天下之道」表示易是統合天下萬物之道。

照〈繫辭傳〉所說，上古包犧氏、神農氏時代已有八卦之製作，但是易之興起則在中古，而且作易者「其有憂患乎！」據說〈卦傳〉所載，聖人作易是爲了「將以順性命之理」[24]；那麼，前面所謂的

22　衛理查(Richard Wilhelm)對此有詳細討論；見《易經講演集》(*Lectures of the I Ching*)(普林斯頓大學，一九七九)，頁八。衛氏說：「這大生與廣生兩大原理，是現實世界上基本的兩極……但是我們必須時常牢記於心：它們只是意象，而不是嚴格固定的東西：它們的功用是要讓人由之推出各種思想。」

23　張岱年認爲，「太極」概念代表一種素朴的唯物論。張氏，頁一二八—三一。這種定名，以及他稍後用來形容〈繫辭〉格式的〈唯心論〉，在本文中並無多大意義。

24　譬如，「窮理盡性以至於命」（說卦）。

「憂患」，多半是因天下無道，人間大亂而起，亦即由於「人之所以爲人」之性以及「人之何以爲人」之命這兩種基本信念混淆不清所致。因此聖人作易是爲了「以體天地之撰，以通神明之德」，進而「以通天下之志，以定天下之業，以斷天下之疑」。

因此，「易」這個觀念可以由多方面理解。它代表了天地之間一切存在物的本體、現象與效用，也代表了聖人貞定性命之理，以求人文化成的過程與實際成果。

要想充分了解《易傳》的基本思想，我們還須進一步探索以下幾個相關概念。

二、天之道

根據《詩經》、《書經》看來，中國古人相信「天」是人類的造生者與世界的化成者。《易傳》繼承這一信念，進而以乾坤卦與陰陽二原理來說明天之「如何」生。譬如：

> 大哉乾元，萬物資始，乃統天。（彖：乾）
>
> 至哉坤元，萬物資生，乃順承天。（彖：坤）[25]

---

25 這兩段話參看方東美《中國哲學之精神及其發展》上冊（孫智燊譯）的解說，頁一五三—五五。

可見萬物之「始」與「生」皆可推源於天。《易傳》最大的進展，就是從這種乾坤二元相反相成、相對相需的動態觀點來了解整個存在世界——亦即天之道[26]。乾坤二元在較抽象的層次可以稱爲「陰」與「陽」。陰與陽是我們領悟天下之道的兩大原理[27]。甚至「道」之本身也可以由陰與陽來掌握[28]。至於天的意義，基本上有兩種：一是天地並稱之天，二是依附傳統信念而有評價含意的天。

天地並稱之天，一方面指外在自然界[29]；作易的聖人由自然界學習許多事物[30]。另一方面，它所指的自然界是創造的、能產的與充滿動力的，像「天地之大德曰生」（繫辭下）以及「天地感而萬物化生」（彖：咸）。方東美先生形容這樣的自然界如下：

26 見衛海慕，頁一九三—九五。

27 「立天之道，曰陰與陽」（說卦）。

28 「一陰一陽之謂道」（繫辭上）。

29 「在天成象，在地成形，變化見矣」（繫辭上）。

30 古者包犧氏之王天下也，仰則觀象於天，俯則觀法於地」（繫辭下）。〈繫辭〉顯然以自然界是可理解與可掌握的。見劉百閔，〈周易繫辭傳認識論的考察〉，《東方研究學報》卷二，期二（一九五五），頁二一六—五五；亦見張岱年，頁一三六。

由此種新自然觀看來，「自然」云云，略近於斯賓諾薩與歌德所謂之創造能生之自然，而非西方古典科學中之所造所生之自然。自然本身即是大生機，其蓬勃生氣，盎然充滿，創造前進，生生不已，宇宙萬有，秉性而生，復又參贊化育，適以圓成性體之大全。[31]

這種化生之天並無任何意志或目的牽涉在內。若以天爲造生者，則天正是創造性本身[32]；若以天爲載行者，則天正是載行的動力。

至於依附傳統信念而有評價含意的天，與上述天地並稱之天並非不能相通，只是它的重點在於「從人類的角度來了解」。任何自然界、生理界、心理界的事實，一旦落實到人類的意識層次，就立刻出現「評價」的問題[33]。所謂「評價」，就是指人類不僅有選擇自身的思、言、行、爲的自由，而且能夠意識到自身的這種自由，更進而對於這種自由的後果，亦即吉凶禍福，有無所逃避的責任感。因此，對於聖人而言，評價是一種「彰往而察來」的理智考慮，加上「吉凶與民同患」的擔當勇氣。但是，這種考慮與勇氣是不能離開天道來談的。因爲，整個存在界之道是相通的。下面一段話是最好的說明：

31　參看方東美，頁一四六。

32　參看衛海穆，頁三九。他說：以「生」爲「天」的用法既頻繁又重要，簡直是「創造性」概念的基本要素，因此「乾」字經常可以直譯爲「天」。

33　「聖人設卦觀象，繫辭焉而明其吉凶」（繫辭上）。

天道虧盈而益謙，地道變盈而流謙，鬼神害盈而福謙，人道惡盈而好謙。（彖：謙）

「盈」與「謙」這兩種行爲表現，在天道、地道、鬼神與人道四方面都產生類似的效應[34]。這就是本文所指的「具有評價含意」。吉凶並非純屬運氣，而與人的行爲評價有關。由此我們可以同意方東美先生所說：

據萬物含生論之自然觀而深心體會之，油然而興成就人性內具道德價值之使命感，發揮人性中之美善秉彝，使善與美俱，而相得益彰，以「盡善盡美，美善合一」爲人格發展之極致。[35]

那麼，我們可以由天道學得什麼具體的道德訓示呢？《易傳》有云：「說而順，剛中而應，大亨以正，天之道也」（彖：臨）；「動而健，剛中而應，大亨以正，天之命也」（彖：无妄）。這兩句話裡的天之道與天之命，其實只是一件事，而「命」之一字更具有評價含意。到底天之所命爲何？「大亨以正」也，亦即大亨通而守其正道。

34　衛海慕提出類似的解釋。他認爲這段話顯示三種力量（天、地、人）的性質「絕不是定死的或互相排斥的」（頁一五二）。

35　參看方東美，頁一四六。

「正」這個字是貫通三界的關鍵所在。〈彖傳〉對乾卦的解說値得參考：

> 乾道變化，各正性命，保合太和，乃利貞，首出庶物，萬國咸寧。（彖：乾）

所謂「各正性命」，是指萬物皆須各正性命，人類自然亦不例外。我們無從得知人類以外的萬物如何「各正性命」，但是《易傳》無疑認爲人類的「各正性命」是極其困難的。一方面，人「養正則吉」（彖：頤）；另一方面，只有聖人「不失其正」[36]。因此，聖人負有極其嚴肅而重大的責任。他要「明其吉凶，著其悔吝」（繫辭下），同時要「崇德廣業」（繫辭上），「守位以仁」（繫辭下）。這一點稍後再論。至少我們可以肯定：聖人在引導百姓回歸人性之正道時，是代天行教的。

傳統所信的啓示之天對於《易傳》仍然有效，只是啓示過程中的積極角色完全轉到聖人身上。〈繫辭傳〉說：

> 是故，天生神物，聖人則之；天地變化，聖人效之；天垂象，見吉凶，聖人象之。（繫辭上）

36 「知進退存亡而不失其正者，其唯聖人乎」（文言：乾）。

天與人之間的協同順應因而成爲可能的[37]。「自天祐之，吉无不利」一語在《易傳》出現五次之多[38]。這個「天」並非具有主動意志的天，而是指天道。這種祝福是人類遵循天之道的自然結果：源自天道的助佑，使人無所不利。

正因爲這種主宰者及審判者意義的「天」在《易傳》中已經被消解了，因此《易傳》在談到善惡果報方面顯得空洞無力。試看兩句相關的肯定：

(一) 積善之家必有餘慶，積不善之家必有餘殃。(文言：坤)

(二) 善不積不足以成名，惡不積不足以滅身。(繫辭下)

這兩句肯定固然符合常識的要求，但是卻經不起深入的分析。第一句以家爲道德評價的單元，可見家對於中國古人的重要性；但是若想由此要求個人行善避惡，似乎尚無充分的力量。家是指血緣關係所組成的團體，這個團體代代上溯的話，必定有善有不善。像堯舜皆爲聖君，而其子皆不肖；又像禹湯文武皆爲開國明主，而其後嗣終不免於亡國。因此，餘慶餘殃無從計數，又何得言其爲「必有」？若眞是「必

37　天人之間的協同合作於此顯然可辨。見張岱年，頁一四〇。

38　參看〈爻辭：大有〉；〈繫辭〉上、下。

有」，則人之禍福大可推於先祖肇因，而把自身的責任意識給化解掉。這樣難免形成悲觀的宿命論或放任的無為論，似乎無法相應於儒家剛健進取的精神要求。

至於第二句的積善成名與積惡滅身，雖然比第一句對於個人更具有約束力，但是在成名與滅身之間卻是一片廣大領域，可以讓人自由逍遙。退一步說，人可以自問，「為什麼要成名？」因為這種觀念接近功利主義的倫理觀，未足以顯發人的主體性之自覺與價值。不管任何一種倫理觀，只要提出善惡要求者，皆不可避免地要觸及普遍性與必然性的問題，此所以孟子與荀子之論性並非無的放矢或徒費口舌。

當然，從另一角度來看，我們可以說這兩句肯定的要點在於「積」之一字。「積」表示逐步增長與努力不懈，頗有功夫論的含意。只有透過修行功夫，才能達到理想境界。《易傳》以很好的比喻形容這種境界：

> 大人虎變，其文炳也。……君子豹變，其文蔚也。小人革面，順以從君也。（象：革）

以上是我們關於《易傳》的人性修養方面所能得到的結論。必須承認的是：《易傳》對於人性及其本源的討論不夠透徹。

最後，關於「天」的問題還有一句重要的話：「復，其見天地之心乎！」（象：復），所謂天地之「心」當然是比喻之詞，表示天地大化流行的「脈動原理」。何以天地之生生能夠不息？因為它是循迴往復的，如日月代行、寒暑相生，以及整個生態系統的自然平衡作用[39]。因此對人而言，從「復」可以看出天地之心而加以效法。

譬如至剛的乾元到了上九之境，難免「亢龍有悔，與時偕極」，達到極限的地步；又如至柔的坤元到了上六之境，難免「龍戰於野，其道窮也」，必須變生往復了。因此，復卦六爻的〈象傳〉皆與修德有關[40]。爲了說明復卦，子(在此應指孔子)特別以弟子顏淵爲例，謂其「有不善未嘗不知，知之未嘗復行」(繫辭下)。顏淵的表現正符合本文稍前所討論的「正」。「復」的意義是「回到原初狀態」[41]；回到原初狀態即合乎「正」道。如此說來，人性除了是「善」的又能是什麼呢？〈繫辭傳〉說：

一陰一陽之謂道，繼之者善也，成之者性也。

---

39 高亨，「大傳」，頁二四一。

40 譬如，復卦六爻的〈象傳〉皆與修德有關：「不遠之復，以修身也；休復之吉，以下仁也；頻復之厲，義無咎也；中行獨復，以從道也；敦復無悔，中以自考也；迷復之凶，反君道也。」

41 〈繫辭下〉肯定復是「德之本」，更重要的是以復爲「復以自知」。〈雜卦〉明白以「反」說明復。做爲「剝，爛也」的反面狀態，復的含意是「回到善道」(見高亨，《大傳》，頁六五七)。因此，我們可以同意以復爲「回到原初狀態」。參看南懷瑾、徐芹庭，《周易今註今譯》(台北：商務，一九七四)，頁四一四。

這句話對於人類格外深富意義。因此〈繫辭傳〉又說：「成性存存，道義之門。」[42]〈說卦傳〉說：聖人「立人之道，曰仁與義」，正是與此一貫相連的思想。

三、鬼神的角色

《易傳》中，「神」字有三種用法。首先，神或鬼神仍指傳統所謂的某種實體，其特色是人類可以察覺的[43]。鬼神對於人的吉凶禍福頗有影響[44]。「人謀」與「鬼謀」對一般百姓具有同等價值[45]。然而，做爲實體存在的鬼神並不表現主動的意志，只是依循變化之道而已[46]。

緊接著這種用法，我們可以肯定「神」的第二種意義係指變化而言。譬如，「陰陽不測之謂神」（繫辭上）；同時，「窮神知化，德之盛也」（繫辭下），即以「神」代表神妙的變化法則。「神」因此用來形容占筮之物，如「天生神物」（繫辭上），又用來形容天道，如「天之神道」（彖：觀）。

---

42 參看方東美，頁一五四—五五。

43 「精氣爲物，遊魂爲變，是故知鬼神之情狀」（繫辭上）。

44 參看〈彖：謙〉；〈文言：乾〉。

45 參看〈繫辭下〉。

46 「子曰：知變化之道者，其知神之所爲乎」（繫辭上）。「此所以成變化而行鬼神也」（繫辭上）。

第三層意義的「神」就更加超離「鬼神」原意，用來形容聖人掌握變化原理時極高的境界[47]。「至神」一詞既指這一原理，又指聖人的心境[48]。《易傳》屢言「神而明之，存乎其人」（繫辭上），「其人」正是指聖人而言。唯有聖人可以「神而化之，使民宜之」（繫辭下）。

「神」的第三層意義在《易傳》中占有重要地位。它描述人的最高智慧[49]；這種智慧正是聖人藉以辨明吉凶者[50]。聖人充分了解變化之道與吉凶之理，進而產生先見之明的智慧。根據這種知幾之神，《易傳》才能說：「神以知來，知以藏往」（繫辭上）。「神」是洞見未來，而「知」是察鑑過去，兩者都是人類能力所能達到的極高境界。

聖人這種「神明之德」正所以造成以下效用：「無思也，無爲也；寂然不動，感而遂通天下之故」（繫辭上）。

47 張岱年主張「神」的三義是指：(一)萬物的奇妙變化，(二)人的智慧與品德的最高境界，(三)「卦」在預測未來時的神秘作用。見張氏，頁一三三。筆者以(二)(三)兩義合爲一義，因爲聖人的智慧主要表現在貞定未來之吉凶方面。

48 「唯神也，故不疾而速，不行而至」（繫辭上）。

49 「子曰，知幾其神乎」（繫辭上）。

50 理由是：「幾者，動之微，吉之先見者也」（繫辭下）。

四、聖人的身分

如上所述，聖人不僅代表完美的人格典型，具備極高的智慧、能力與品德，同時也代表了傳統上代天行教的聖王。聖人的雙重身份在易傳中清楚可見。

我們根據以下四點觀察，可是肯定聖人即指古代聖王。第一，商周以來，唯帝王可以祭祀上帝。這項傳統仍然保存於《易傳》中[51]。由於「聖人」亦享有此一特權[52]，他們必定是指聖王。

其次，〈繫辭〉提及與作易有關的人，無一不是古代帝王[53]。此外還有「後世聖人」在文化製作上賡續發展；他們的所作所爲也都屬於帝王的事功[54]。事實上，只有合格的帝王，亦即成就斐然的帝王，才能被稱爲聖人。

第三，聖人與萬民、天下總是對稱並舉，充分顯示他們的偉大統治功效[55]。除非聖人是天下萬民的

51 例如：「王用享于帝吉」（文辭：益）；「先王以享於帝立廟」（象：渙）。

52 「聖人亨以享上帝」（象：鼎）。

53 這些帝王是包犧、神農、黃帝、堯、舜與文王。見繫辭下。

54 見繫辭下。

55 譬如，「聖人神道設教而天下服矣」（象：觀）；「聖人感人心而天下和平」（象：咸）；「聖人養賢以及萬民」

領袖，可以對百姓產生明確的教化作用，否則這種用法毫無意義可言。

第四，最重要的一點是，聖人總是依循天之道。他們不僅法天，而且與天地並稱，扮演了互補的角色。譬如，「天地之大德曰生，聖人之大寶曰位」（繫辭下）；這個「位」字顯示了聖人即帝王。理由十分明白：「天地養萬物。聖人養賢以及萬民」（彖：頤）。

聖人作爲君王，深具「憂患」之心；這種「憂患」是天地所不與聞的[56]。至於聖人所憂者何事，〈繫辭〉記載最初的聖王製作八卦，「以通神明之德，以類萬物之情」（繫辭下）。其目的仍是爲了百姓；聖人由此「以通天下之志，以定天下之業，以斷天下之疑」（繫辭上）。

前面這句引文中的「天下」係指百姓而言；其中提到的三項任務說明了聖人的關心及作法[57]。我們從第三項任務談起：爲了替百姓判斷吉凶禍福，聖人必須具備完善的智慧。根據記載，古者包犧氏「仰則觀象於天，俯則觀法於地」（繫辭下）。聖人繼志述事，「設卦觀象，繫辭焉而明其吉凶」（繫辭上）。聖人的智慧表現於觀察的本領，同時從不離開實際的與教育的目標。這一目標具體說來是「因貳以濟民行，以明失得之報」（繫辭下）。

（續）

（彖：頤）等。

56 天地之道「鼓萬物而不與聖人同憂」（繫辭上）。理由是天地之道「無心」。見錢鍾書的討論，卷一，頁四二—四三。

57 張岱年亦約略談到這一點。見頁一四一。

再談「以定天下之業」。聖人在這方面必須具備最高的能力。《易傳》相信，「天地設位，聖人成能」（繫辭下）。像「開物成務」的成務，「崇德廣業」的廣業，都不是容易辦到的事。《易傳》對後世聖人的功績有一段描述：「上古穴居而野處，後世聖人，易之以宮室……」「古之葬者……後世聖人，易之以棺槨」「上古結繩而治，後世聖人，易之以書契，百官以治，萬民以察」（繫辭下）。這樣的聖人當然可以爲民父母。我們明白何以《易傳》會說：「備物致用，立成器以爲天下利，莫大乎聖人」（繫辭上）。

至於「以通天下之志」，則必須聖人本身具備極高的品德[58]。《易傳》論及品德的內容時，仍然謹守儒家傳統，以「仁義」爲首要之德[59]。至於什麼是仁義，以及仁義與人性的關係，仁義與天的關聯，則並無詳細說明。

《易傳》似乎不以「聖人」爲一般百姓可能取法達成的楷模。聖人「如何」成就不平凡的才性，《易傳》並未詳述[60]。《易傳》說得比較多的，倒是君子「如何」成就爲一位君子。假使我們以聖人爲

58 「神而明之，存乎其人；默而成之，不言而信，存乎德行」（繫辭上）。

59 見〈繫辭下〉，以及說卦之「立人之道，曰仁與義」。

60 《易傳》提到兩段與聖人修德有關的話，但是都不夠清楚。其一是「聖人以此洗心，退藏於密」（繫辭上）。「洗」字可以解爲「先」，表示「啓明」之意。見高亨，《大傳》，頁五三五，五五二。這一點仍在爭議中。見錢鍾書，卷一，頁四六—四七。其二是「聖人以此齋戒，以神明其德乎！」（繫辭上）在此，「齋戒」一詞可以表

人道的典型、天道的體現，那麼君子可以說是「希聖者」，亦即在成聖之途上邁進的人。

儘管君子的原意與政治地位有些牽連[61]，《易傳》談及君子時，總是強調君子之做爲效法天地之道的楷模，並且專務於修行品德。稍舉數例以明：

(一) 天行健，君子以自強不息。(象：乾)

(二) 地勢坤，君子以厚德載物。(象：坤)

(三) 君子敬以直內，義以方外。(文言：坤)

(四) 君子以遏惡揚善，順天休命。(象：大有)

由於不斷努力修行，君子乃在某種程度上肖似聖人：

(一) 唯君子爲能通天下之志。(象：同人)

(二) 君子尚消息盈虛，天行也。(象：剝)

(續) 示尊敬與惕勉之心態。見高亨，《大傳》，頁五三六。

61 例如，「君子思不出其位」(象：艮)，就暗示君子在政治上負責某種職位。

(三)君子所居而安者，易之序也；所樂而玩者，爻之辭也。（繫辭上）

由此觀之，我們不難了解何以君子能夠「致命遂志」（象：困）[62]，就是遇到任何困難障礙也不肯放棄自己的志向，寧死不負志節。具備這種堅毅的定力，君子最後必能成就偉大的人格。〈乾卦文言傳〉形容君子：「體仁，足以長人；嘉會，足以合禮；利物，足以和義；貞固，足以幹事。」

綜上所述，我們深深體會儒家的典型關懷是要以人力參贊天地的化育。儒家心目中的宇宙與個人，總是處在相輔相成的和諧境界。〈文言傳〉對於這種理想，曾有極精采的描寫：

> 夫大人者，與天地合其德，與日月合其明，與四時合其序，與鬼神合其吉凶，先天而天弗違，後天而奉天時；天且弗違，而況於人乎，況於鬼神乎！[63]

---

62 劉百閔認爲，這樣的君子簡直具備康德所謂的「無上道德命令」。見劉氏，頁二五五。

63 參看方東美，頁一六〇——六一。

第九章
《中庸》

關於《中庸》一書的作者與成書年代的問題，歷來爭訟不已，並無定論。我們至少可以找到四種不同的說法，就是《中庸》：一、出自孔子之孫子思之手[1]，二、成於孟子之前的一位儒家弟子[2]，三、是孟子以後的作品[3]，四、由子思初稿，再經秦漢之際的儒家修訂而成[4]。就本文研究所需看來，《中

1 參看《史記》卷四十七：〈孔子世家〉；朱熹，〈中庸章句〉，見《四書章句集註》（京都藏版），頁一；高田眞治，《支那思想之研究》，頁二一八；狩野直喜，《中國哲學史》，頁一三九；徐復觀，《中國人性論史》，頁一〇三。

2 參看胡適，《中國古代哲學史》，頁二八〇；吳怡，《中庸誠的哲學》（台北：東大，一九七六），頁一〇。

3 參看崔東壁，《洙泗考信餘錄》（收於畿輔叢書），卷三，頁八—一一；錢穆，《四書義理之展延》，見《論孟論文集》（台北：黎明，一九八一），頁八。

4 參看馮友蘭，《中國哲學史》，卷一，頁四四七。武內義雄，《儒教之精神》（東京，一九八二），頁四四—五九。

庸》的作者問題並不太重要，重要的是《中庸》一書原屬《禮記》的一篇，成書年代可能較晚，因此我們放在最後來討論。

《中庸》的主旨在於闡明人性的本質，亦即人性與天道相通的理論根據。因此，它在古代儒家典籍中可以算是最具哲學性的作品[5]。就其主張天人合德的可能性而言，《中庸》並未偏離傳統儒家的立場，亦即強調人的道德修行。人必須透過道德修行才能在自己的本性中，見出天人合德的潛能。換句話說，此書的主要關懷是人之道，而這種人之道又預設了天人互通性。

誠如杜維明所說：「由於堅持天人之間連續的互動關係，人之道爲人的存在提供了超越的依傍，也爲天的途程提供了內在的肯定。」[6]但是《中庸》的「天」究竟何所指？這是我們所要探討的。《中庸》是否接受古代的信念，以天爲具有意志，關懷人世，並主宰人間事務的終極上帝[7]？答案並不明確。事實上，在《易傳》與《中庸》二書中，「天」的主宰性與人格性都不是受到強調的要點。

我們曾在討論《易傳》時指出，「天」不再扮演主動參與的人格化角色，而是以做爲萬有的本源爲主；《中庸》亦有類似情形[8]。甚至天對人的種種啓示，也要透過聖人的合作才能大白於世。《易傳》

5　陳榮捷，《中國哲學資料書》，頁九六。

6　杜維明，《論中庸》(*Centrality and Commonality: An Essay on Chung-yung*)(夏威夷大學，一九七六)，頁八。

7　同上，頁七。

8　參看錢穆，《中庸新義》，見《中國學術思想史論叢》卷二(台北：東大，一九七七)，頁二八五起。

的主旨在於闡明聖人如何依據天之道來體察人之道。《中庸》進一步更要探討：人的道德本性如何與體現在自然秩序中的天之道聯結起來？爲了答覆這個問題，本文預備討論以下幾個關鍵概念：聖人、君子、人性、誠與天地之道。

一、聖人與君子

儒家在闡釋學理與鼓勵修行時，總是以聖人爲楷模，並以君子代表凡人中立志於道德革新的人。所謂聖人，多爲古代聖王之化身，像《中庸》所說，「仲尼祖述堯舜、憲章文武」（三十章）；堯舜與文武皆古代聖王。雖然原意與古代貴族社會的身份有關，但是自孔子以來，則以君子爲「道德上的貴族」，亦即對於進德修業念茲在茲，全力以赴的人[9]。

《中庸》一書談及君子之處多談及聖人[10]，但是這並不表示《中庸》重視君子的角色超過聖人的角

9 自孔子起，即以「君子」代表專務道德修行的人，詳細討論見許倬雲，《轉型期的古代中國》(*Ancient China in Transition*)（史丹福大學，一九六五），頁一六一—六三。

10 「君子」一詞出現三十四次，「聖人」出現七次。「君子之道」出現七次，「聖人之道」僅一次。

色[11]。事實上，若以君子代表修行工夫，以聖人代表最高典範，則兩者正是相輔相成的[12]。

《中庸》提到的聖人共有六位：堯、舜、文王、武王、周公與孔子。除了孔子以外，其他諸人皆有德有位[13]。舜似乎是最理想的典型，他不僅「大知」（六章）「大孝」（十七章），而且「德爲聖人，尊爲天子」（十七章）。《中庸》秉持傳統的信念而主張：「故大德，必得其位，必得其祿，必得其名，必得其壽」（十七章），而其結論是：「故大德者必受命」（十七章）。這一段話使我們想起《詩經》《書經》中的「天命」觀念。問題是：這幾個「必」字雖然出語堅定，但是事實上如何？以孔子爲例，《中庸》形容他的盛德大業：

> 譬如天地之無不持載，無不覆幬，譬如四時之錯行，如日月之代明。（三十章）

這種成就顯然已經達到聖人的最高境界了。但是孔子不曾有過帝王之位。

因此，「天命」必須被轉化爲普遍的召喚，要求每一個人成就道德上的完美境界。「聖人」的含意也不再限於聖王，而是天道之體現與人道之極致。

---

11 吳怡，〈序言〉，頁四。

12 王夫之，《讀四書大全說》（中華，一九七五），頁一四二。

13 有關對舜、文王、武王與周公的描述，分別見十七章、二十六章、十八章、十九章。

就聖人做爲天道之體現而言，《中庸》說：「大哉！聖人之道，洋洋乎發育萬物，峻極于天」（二十七章）。發育萬物正是天道的功用。聖人發育萬物，主要是指立人極而言。《中庸》形容「唯天下至聖」時說：

溥博如天，淵泉如淵，見而民莫不敬，言而民莫不信，行而民莫不說。……凡有血氣者，莫不尊親，故曰：配天。（三十一章）

聖人的角色正是天道的體現。此一體現的關鍵在於「誠」。《中庸》說：「誠者天之道也，誠之者人之道也」（二十章）。接著又說：「誠者，不勉而中，不思而得，從容中道，聖人也。」可見聖人正是天道的體現。換句話說，人而合於天道者，即是聖人。

另一方面，聖人是人道之極致。根據《中庸》所載，君子是否「知人」，要看他能否達到「百世以俟聖人而不惑」（二十九章）。可見聖人爲人之典型。這種典型雖然很難修成，像「君子依乎中庸，遯世不見知而不悔，唯聖者能之」（十一章），但仍屬於凡人的能力範圍之內。譬如《中庸》十二章談起君子之道時，就以一般愚夫愚婦爲起點，而以聖人爲終點。《中庸》所論聖人，至此擺脫聖王範限，成爲人道典型。傳統的德治理想轉化爲普遍的道德要求。

天人合德的理想體現在聖人身上，聖人的品德是一般人的楷模。然而，要想知道如何成就一位聖人，我們必須轉而求助於君子。君子與小人對立並舉，代表了決心依循「人之道」的人。人之道在《中庸》看來表現於「誠之者」。「誠之」即是「致誠」，「致誠」的實際步驟是「擇善固執」（二十章）。此一步驟正是君子在滿全人性時所依循的[14]。

我們若參照前面所引的一句話：「君子依乎中庸」，就可以進而推論：《中庸》所指即是「擇善固執」。這種解釋可以得到以下兩段話的支持。第一，孔子曾說顏回「擇乎中庸，得一善（擇善）則拳拳服膺而弗失之矣。（固執）」（八章）。第二，至於一般人民，就「擇乎中庸而不能期月守也」（七章）。這也就是君子與凡人的差別所在。

中庸是動態的歷程，要求兩大步驟：擇善與固執[15]。擇善的先決條件是「知道」什麼是善，固執則需要超凡的「實行」的毅力。難怪孔子要說：「中庸其至矣乎，民鮮能久矣」（三章）更明確的一段話是：

> 子曰，天下國家可均也，爵祿可辭也，白刃可蹈也，中庸不可能也。（九章）

14 錢穆，《中庸新義》，頁二八八—八九。

15 王夫之，頁一四二—四三。

《中庸》一書之立論，就是想恢復這種難能可貴的品德——孔子曾在《論語》中盛讚說：「中庸之爲德也，其至矣乎，民鮮久矣」（雍也）。君子即是立志依循中庸的人，而中庸在《中庸》一書更成爲道德的判斷標準。孔子曾說：「君子中庸，小人反中庸」（二章），即是此意。但是我們隨著這項肯定，可以進一步再問：假使中庸，亦即擇善固執，是對人的道德要求，那麼人性與善的關係如何？

這個問題對於《中庸》一書並不構成什麼困難，因爲該書開宗明義就說：「天命之謂性，率性之謂道，修道之謂教」（一章）。我們可以根據此一宣言，再重述我們的了解：一、人之道即是中庸，中庸即是擇善固執；二、人之道必與人性相依存；三、因此，擇善固執亦必與人性相符應。我們似乎可以由此肯定人性爲善。但是這個肯定顯然過度簡化了《中庸》所展示的整個問題。這一點希望能在以下討論人性時得到澄清。

二、人性

人性與善的關係可以約爲以下兩種：一是以人性本身爲善，二是以人性的表現爲善。究竟《中庸》主張那一種呢？試看：

喜怒哀樂之未發謂之中，發而皆中節謂之和。（一章）

從儒家的道德趨向看來，所謂的「善」顯然在「和」而不在「中」。「和」是各種情感發而中節，正是人格修養的最高境界。孔子到了七十歲才能「從心所欲不逾矩」（論語：爲政）。《中庸》也強調只有聖人能夠「從容中道」（二十章）。

至於一般百姓，就必須努力「知」善與「行」善。因此，人性並非本善，而是具備「向善的傾向」[16]。我們認爲，這是《中庸》的人性論要旨。爲了避免走上「人性本善」的結論，試看孔子點評顏淵的一句話：

> 擇乎中庸，得一善，則拳拳服膺，而弗失之矣。（八章）

既然善是可得可失的，當然不能說是人性本具。

《中庸》強調「人性向善」。人性的這種傾向表現於人之知善與行善。善的內容是五達道與三達德[17]。《中庸》以五達道與三達德做爲「知」與「行」的普遍對象，並將它們與對人的普遍要求聯繫起來；譬如，《中庸》說：

---

16 錢穆，《中庸新義》，頁二九九。錢氏在此爲這種「傾向」提出一套形上學的解釋。

17 「君臣也，父子也，夫婦也，昆弟也，朋友之交也，五者，天下之達道也。知、仁、勇，三者，天下之達德也。」（二十章）

或生而知之，或學而知之，或困而知之，及其知之一也。或安而行之，或利而行之，或勉強而行之，及其成功一也。（二十章）

這裡提到「知」與「行」的最後目標之「一」是什麼？就是「善」。聖人所「不勉而中，不思而得」（二十章）的，其實也是「善」。我們由此可以推知人性是向善的。接著要問的是：這種向善的人性究竟由何而來？爲了回答這個問題，我們必須闡明《中庸》對於萬有之源的「天」有何看法。

三、「誠」與天之道

《中庸》相信人性得自天之命（一章）。人性與天的接合點是「誠」（二十章）。誠是天之道，亦即天道眞實無妄，本來如此，不會偏離常軌；誠之或致誠是人之道，亦即人須時時存養本來面目，才符合爲人的道理。我們先澄清天之道的內含。

《中庸》一如《易傳》，把「天」與「天地」看成是可以互換使用的概念。「天地」並用所顯示的，是以天爲造生者與載行者的性格，而非以天爲啓示者與審判者的性格。天之啓示與審判總須配以聖人的合作才能昭明。儒家的主要關懷之一，即是設法明示天之啓示與審判。但是就《中庸》一書看來，「天」或「天地」所著重的仍在創生不已的自然界這一方面。試看：

天地之道，可一言而盡也：其爲物不貳，則其生物不測。（二十六章）

接著一段是以「博厚、高明、悠久」形容天地之大生廣生之德；但是這一段形容純屬自然主義的觀點，亦即並未涉及任何超出自然現象的描述。更令人驚異的是以下一段結論：

詩曰：惟天之命，於穆不已。蓋曰，天之所以爲天也。於乎不顯，文王之德之純。蓋曰，文王之所以爲文也。純亦不已。（二十六章）

我們在這一段文字之前後找不到任何闡釋。天地的自然現象如何與文王之德發生關聯？假使天之本來面目，亦即天之「誠」只是生生不已的話，它又怎麼與「善」拉上關係呢？我們試從以下幾方面來了解這個問題。

第一、天地生物之時所表現的「不測」，是因爲天地本身爲物「不貳」。所謂「不貳」即指「不息」，亦就是「誠」的效用[18]。「誠」字用於非道德的含意，則指某物忠於自身的態度。天地之道不外乎「誠」，亦即眞實無妄地忠於自身。其效用及結果表現爲自然界中生生不息的創生現象。這樣的天地

18　朱熹，《中庸章句》，頁二三。此說亦見於王夫之的討論，《讀四書大全說》，頁一六九。

之道實在偉大！《中庸》說：

萬物並育而不相害，道並行而不相悖，小德川流，大德敦化，此天地之所以爲大也。（三十章）

第二、天地固然偉大，但是從人的觀點看來，難免仍有缺陷。《中庸》說：「天地之大，人猶有所憾」（十二章）。這句話標示了儒家與道家的根本分別。儒家各支各派從未忽略人在與自然界合作時所扮演的主動角色[19]。那麼，《中庸》所謂人對天地所感覺的遺憾又是什麼呢？我們看到第十七章始於讚頌舜的品德，然後接著說：

天之生物，必因其材而篤焉。栽者培之，傾者覆之。

人不是樹木；但是天之對待人，在本質上並無異於天之對待樹木。差別只在於人的品質。人之生老病死，與世間多數生物並無兩樣。但是人的品質不在於他的自然生命，而在於他的品德。問題是：人的品德之優劣善惡絕不會自然發生。因此《中庸》接著引述《詩經》上的一句話：

19 錢穆，《中庸新義申釋》，見《論叢》卷二，頁三一四、三一九。

嘉樂君子，憲憲令德；宜民宜人，受祿于天；保佑命之，自天申之。（十七章）

由此可見，天地對於人的道德生命無法直接干預，必須依賴君子代行教化。君子對於天地所覺之憾，正是出自深刻的道德關懷。

第三、為了闡明天人之間的最終關聯，我們必須弄清楚《中庸》對於一般百姓有何看法。《中庸》談及君子之道時，兼亦述及一般百姓：

夫婦之愚，可以與知焉……夫婦之不肖，可以能行焉。（十二章）

這段話有兩點值得注意：一、以「愚」與「不肖」來形容一般百姓，間接顯示了《中庸》的作者對於人的自然狀態是有所不滿的。人光靠維持他的自然生命，不足以做為一個眞正的人。人還必須砥勵品德，追隨君子的芳表[20]。二、一般百姓在「知」與「行」君子之道方面的潛在能力，無疑是受到肯定的。人皆可以為君子。人有能力成全自己；這種信念正是儒家傳統所強調的[21]。人的這種能力也與本文前述

20　見十三、十四、十五三章。

21　孔子、孟子與荀子在這一點上均無異議。參看方東美，《中國哲學之精神及其發展》（上冊），孫智燊譯，頁一五八—六一。

「人性向善」的主張相通。

第四、凡民之「愚」與「不肖」是昧於知善與行善的結果。《中庸》第四章以愚者與知者對舉，並以不肖者與賢者對舉，正是明證。要化除「愚」與「不肖」，只有靠「擇善固執」；如此才能「雖愚必明，雖柔必強」（二十章）。這個「明」是指「明乎善」，其最高境界是「至誠如神」：「善，必先知之；不善，必先知之」（二十四章）。這個「強」，是指「中立而不倚」（十章），其最高境界是「至誠無息」；正如天地之「博厚、高明、悠久」（二十六章）。

第五、最後要談的，是「誠」與人的關係。「誠」若指忠於自身，則人在忠於自身時是否能在本性中發現「善的傾向」？這個問題的答案是肯定的。《中庸》並未就此提出任何邏輯論證，而是邀請人反省自身。以下兩段話極有意義：

(一)莫見乎隱，莫顯乎微，故君子慎其獨也。（一章）

(二)其次致曲（隱微之端），曲能有誠。（二十三章）

這兩段話顯示人性自身具有向善的靈明，並且暗示了密契主義（或譯神秘主義）的可能性。人若反身而誠，自然會逐漸加增這一靈明之光。換而言之，人將從事道德修行以便成爲眞正的人[22]。

由此觀之，「誠」聯繫了天之道與人之道。人生來即賦有道德上的辨別能力，能夠區分根本的善惡。人的這種品質使他具備天賦的責任，要不斷「擇善固執」。《中庸》在說明「誠之不可揜（壓制）」時，曾舉鬼神爲例，極富啓發性。因爲儒家對鬼神的一般態度充分表現於相關的這一段話中，而且鬼神與「誠」的關係富於象徵意義。《中庸》記載：

> 子曰：鬼神之爲德，其盛矣乎。視之而弗見，聽之而弗聞，體物不可遺。使天下之人，齊明盛服，以承祭祀，洋洋乎，如在其上，如在其左右。詩曰：神之格思，不可度思，矧可射思。夫微之顯，誠之不可揜，如此夫。（十六章）

一個人只要能夠致誠，則不僅可以完成自我，也可以推擴影響及於他人與外物（二十五章）。因此《中庸》肯定一個人「致中和」之後，就能使「天地位焉，萬物育焉」（一章）。

總結以上所論：天之道是「誠」，人之道是「誠之」或「致誠」。「致誠」表示人之始生並非完滿之物，而是需要憑藉不息的努力以求發展自我與成全自我。這樣的努力可以形容爲「擇善固執」，其實

22 參看錢穆，《中庸新義》，頁三〇五。

也就是「依循人之本性」，因爲「人性向善」。若追溯人性的來源，我們還是回歸到「天」概念。天以「誠」爲道；天之「誠」顯示於大生與廣生萬物。這種自然現象一旦落實到人身上，則立刻被轉化爲道德要求。「誠」字對人而言，原本就具有道德含意。《中庸》更以鬼神的奧妙功用來形容「誠」對人的象徵意義。只要一個人忠於自身或反身而誠，將在本性中發現內在光明；人藉此光明可以明辨善惡，並自覺有責任依循這種向善的本性。人若依循這種本性到達完美的地步，則將可以參贊天地之化育。《中庸》爲人類所立的最高理想就在下面這一段話[23]：

> 唯天下至誠，爲能盡其性，能盡其性，則能盡人之性，能盡人之性，則能盡物之性，能盡物之性，則可以贊天地之化育，可以贊天地之化育，則可以與天地參矣！

這一段話充分肯定了人的偉大潛能。人的生命源於天地，但是人的品德卻足以參贊天地的大生與廣生之德。人的品德就是人性的結晶，亦即天人合一之所在。從儒家的觀點看來，不論「天」概念如何被轉化，人在此世都不可能成爲孤立的生物。萬物共成一個大機體，人在其中不僅是個重要的部分，也是個不可或缺的「參贊化育者」。人的天賦本性即是如此：當他努力成全自己的本性時，自然會有助於成全

23　參看方東美，頁一五八。

萬物的本性。《中庸》一書所展現的儒家人文主義就是：當它把人的地位提升到與天一樣偉大時，從未忘記強調人的道德修行之必要性；當它承認人是受造之物而且並非生而完美時，總要一再提示人之成聖的可能性，因爲聖人在儒家心目中才是眞正的人啊！

結語

總結以上各章，可知儒家以溫和方式繼承中國傳統，並對此一傳統提出原創的詮釋。孔子本人深通「禮」的各種涵義；他在「禮壞樂崩」的時代，努力承「禮」啓「仁」；他的「仁」概念源於道德關懷，推擴及於整個存在界。孔子的偉績代表了古代中國「哲學突破」的主要成就之一。他引進「仁」概念，成功地復振，甚至重塑了傳統的「禮」的理念。仁成爲人之道。爲了成仁，人甚至應該犧牲生命。這種無上要求預設了某種絕對判準或永恒典範。我們就由這個脈絡去了解孔子的「天」概念。對孔子而言，天是有回應的、肯負責的主宰，孔子由天獲得了獨特的使命。

孟子充分發揮了孔子的仁概念。他提供理論基礎，肯定人性是「仁」。人性之所以爲善，在於天生即有明辨之「心」，可以對是非善惡表現評價與訓令雙重作用。然而與此相左，卻有荀子之主張人性爲惡，亦即順著人性之自然的情欲發展，將引發衝突鬥爭的結果。進一步看來，孟子與荀子的人性觀念並非眞正積不相容，因爲他們由人性的不同層面來界說人性。事實上，他們共同接受以下兩點：一、人人天生都有潛能，可以成爲聖人；二、人人天生都有成聖的無上要求，不管這種要求的來源是什麼。就前者而論，我們發現，相信人的可完美性正是儒家立說的標記。就後者而論，無上要求的來源是有不同：孟子以之爲天，荀子以之爲禮。孟子試圖證明人與天的本質關係。天仍維持傳統的性格，如統治者、造生者、載行者、啓示者與審判者，但其重點轉到說明：天的角色如何成爲人類自我提升的要求之終極來源。另一方面，荀子推尊禮爲傳統理想的體現，同時亦成爲人類自我提升之道及其判準。禮的本源似與天有某種關係，但是荀子並未認眞考慮這一線索，因爲他早已把天定性爲自然界了。

即使做爲自然界來看，天仍然意指廣含的實在界，亦即代表了儒家所理解的「超越界」。基於這種認識，我們可以說，《易傳》與《中庸》綜合了原始儒家的要義。我們在這兩部典籍中，發現幾個重要問題：天怎樣對人產生意義？人之道必須符應並在其中找出存在理由的天之道究竟何所指？天的自然秩序在何種意義上對人產生道德訓令？這些問題的終極關懷，仍在於聖人之道，亦即求得人性的完美。總之，我們對於原始儒家的天概念及其相關思想可以作下述肯定：一、天，不論被理解爲上帝或自然界，本身即是一個生命機體，並且是一切存在物的最終本源。二、人類在依循天之道時，其生命充滿了等待實現的精神價值。三、人類在盡力滿全自己的本性時，有能力而且被要求使自己達到完美的境界。我們在全書結論中將進一步闡發這些肯定的含意。

第三部

原始道家的天論

引言

所謂「原始道家」，係指《老子》與《莊子》二書所代表的學派。在進行研究這兩本書之前，許多相關問題必須先作個扼要澄清。

首先，老子（曾被認爲是與孔子同時代的人）的身分充滿疑團，無法由歷史資料尋得明確的論斷[1]。甚至是否有過撰寫《老子》一書的人存在，也大成問題[2]。要想探究《老子》的作者是誰，似乎徒勞無

1 參看錢穆，《莊老通辨》（香港：新亞研究所，一九五七），頁一一—二〇；木村英一，《老子的新研究》（東京，一九五九），頁七—三七。

2 參看津田左右吉，《道家的思想及其展開》，見《津田左右吉全書》卷一三（東京，一九六四），頁二三；劉殿爵，《老子道德經》英譯本（Penguin Classics, 1963），〈導論〉，頁一一—一二。

功，因爲《老子》基本上是一部選集，代表了在先秦形成並發展的一派思想[3]。現存《老子》版本共分八十一章，五千餘言[4]。假使追問這本書最早出現在什麼年代，恐怕也是同樣的困難。學者專家的意見大致分布於以下兩種之間：其一主張《老子》一書在春秋時代結束以前就編成了[5]；其二認爲它之編集成書不能早於秦漢之際[6]。這兩種意見各有幾分理由，都能從《老子》與當時的學派潮流之間找出某些關係。然而，眞正重要的卻是道家本身的傳承問題：《老子》的年代決定了它與《莊子》一書的關係，以及隨之而來的道家整個體系的詮釋問題。

因此，我們必須考慮下述問題：《莊子》一書究竟在何時寫成？這個問題照樣沒有現成的明確答案，因爲《莊子》也是一本選集。現存《莊子》版本係由郭象(卒於西元三一二年)所編，共分三十三篇：內篇七，外篇十五，雜篇十一。我們並無確證可以斷定這些篇章中哪些是莊子手著[7]。莊子的身分不如

3 武內義雄，《老子原始》(東京，一九六七)，頁一二四—二七；木村英一，頁四三—七七。

4 《老子》一書的版本自出現之日起，即經過各種編排上的變更。詳細討論見武內義雄，《老子原始》，頁三二—九〇。

5 蔣錫昌，《老子校詁》(上海：商務，一九三七)，〈自序〉，頁一〇；高亨，《老子正詁》，頁一七一—七四；張松如，《老子校讀》(吉林，一九八一)，頁四三九—四二。

6 錢穆，《莊老通辨》，頁二一；武內義雄，頁一二五。

7 參看馬敘倫，《莊子義證》(上海：商務，一九三〇)，〈自序〉，頁二。

老子那麼値得爭議[8]，雖然仍有某些學者認爲《莊子》一書的作者並不存在[9]。這本書的著作年代也是一個複雜的問題。內七篇表現一貫的思想，許多學者認爲是莊子手著[10]。這一部分可能較《老子》出現爲早，但是外篇與雜篇則不然[11]。外篇與雜篇的某些章節可能遲至漢初才出現[12]。然而，實情不僅如此。縱使《老子》成書晚於《莊子》內篇，《老子》的某些基本觀念卻盛行於春秋時代，亦即遠較《莊子》的任何部分都早[13]。

我們無意參加上述複雜的討論，只是直接以《老子》與《莊子》代表原始道家的典籍，其中標舉「道」概念爲最廣含的範疇，由之並對中國心靈產生深遠的影響。我們將首先討論《老子》，因爲道概念在其中得到透徹的闡述，並且唯有清楚理解了道概念，才能明確掌握道家的本質。傳統上老子被尊爲道家始祖，並非毫無根據的作法。

老子思想的背景與古代中國各派學說的背景是相同的，就是「禮壞樂崩」以及傳統對全能主宰

8 馬敘倫，《莊子義證》，附錄一〈莊子年表〉，頁一—九。

9 津田左右吉，頁六二。

10 關鋒，《莊子內篇譯解和批判》(中華，一九六一)，頁三一九—二二；武內義雄，頁一六四。

11 錢穆，《莊老通辨》，頁二一；木村英一，頁四三—七七；武內義雄，頁一四三—七四。

12 津田左右吉，頁四四；關鋒，頁三五八。

13 木村英一，頁四三—七七；卡登瑪(Max Kaltenmark)，《老子與道家》，頁一三；齋藤晌，《老子》(東京：一九七九)，頁四三—四四。

「天」的信仰之瓦解。老子的「道」可以被視爲另一種型態的「文化理念」（「派德亞」）。換句話說，他在宣揚「道」的時候，至少隱涵地，希望把人類從可憐的生命情境中解救出來[14]。萬物各有其存在之道，但是「道」之本身是什麼？老子以「道」爲超越人類知識所作的相對界說之上的本源。「道」取代了傳統的「天」的角色，成爲一切存在物的本源。在討論老子的道時，我們將特別強調它的雙重性格：超越性與內在性。老子以天指稱自然界，但是這個自然界不僅充滿意義，並且在人類了解與追隨「道」時，扮演關鍵的角色。我們將專門討論老子的這兩個概念[15]。

14　參看蔣錫昌，《老子校詁》，〈自序〉，頁六—七。

15　我們在討論老子的「天」與「道」時，並未忘記老子的「德」亦非常重要。《老子》又名《道德經》，包括「道經」與「德經」兩部分。在新發現的《帛書老子》（目前最早的較完整的《老子》版本）中，「德經」列於「道經」之前。這是否表示「德」比「道」更重要？不一定，因爲關於《老子》版本曾有兩種說法（約於戰國時代末期）：其一屬於道家傳統，其二屬於法家傳統；而目前的《帛書老子》屬於後者，參看高亨、池曦朝，〈試探馬王堆漢墓中的帛書老子〉，收於《馬王堆漢墓帛書老子》（文物，一九七六），頁一一二—一一六。如果事實確是如此，我們便可了解先秦法家的主要典籍《韓非子》在〈解老〉與〈喻老〉二篇中，爲何先談德經，再談道經。在法家看來，德經（多屬原理之應用）要比道經（多屬基本原理）更爲切合實際需要。我們在此較關心的是《老子》的理論，而非其實踐，因此將依循道家傳統，強調「道」概念。除此之外，德之做爲道的發用，也將在「道的內在性」一節中加以討論。

至於《莊子》，我們將就其全書來看[16]，並且以它代表原始道家的第二步發展[17]。在道家的傳承上，莊子顯然依循老子的「道」概念，只是他進一步重新型塑「天」的廣含意義。天雖然不再具備任何神性意味，卻仍然顯示給人應行之道。人經由某種特殊的直觀洞見，可以使自己擺脫內在與外在的束縛：亦即由天（在此無異於道）的觀點來看待萬物，則可以穿越表象、獲得啓明，並因而引發精神自我的眞正自由。

16 王叔岷，《莊學管窺》（台北：藝文，一九七八），頁一七—二二。

17 參看司馬遷，《史記》卷六三，引用及討論見蔣錫昌，《莊子哲學》（上海：商務，一九三五），頁三四—四二。

第十章
老子

《老子》一書又名《道德經》，其中對「道」提出了新穎的解釋。我們不難發現老子想以「道」概念來取代傳統的「天」概念，藉以顯示他對整個存在界的新的理解[1]。「道」成爲統合萬有的終極概念，但是老子並未因而完全摒除「天」概念。古代中國的思想家對於源遠流長的「天」概念是不可能一筆抹煞的。老子的作法毋寧是：由自然主義的觀點來解釋「天」，同時把原屬於「天」的某些重要特質歸諸「道」。本文以下將依次探討老子的「天」與「道」。

1 參看武內義雄，《老子之研究》（東京，一九二七），頁八—九；劉殿爵英譯：《老子道德經》(Penguin Classics, 1963)，〈導論〉，頁二二—二三。劉氏說：「代天而起的道，雖然不再具有知性與道德意味，但是《老子》一書仍舊在人法天的傳統上，主張人類應該取法乎道」（〈導論〉，頁二五）。

一、「天」概念

《老子》全書使用的「天」字及由「天」組成的名詞，共三十餘處。其主要用法有三種，亦即：天地、天與天之道。此外，「天網」與「天門」二詞的含意包括在「天道」中；「天下」一詞則指世界而言，並無特殊意義。「天地」代表萬物藉以產生的場所。「天」或「天之道」則指自然界，或者更恰當說來，自然界的法則[2]。試申述這兩種意義如下：

甲、天地

傳統上，中國人以天爲萬物的造生者與載行者。老子不再接受這種觀念。當他描寫宇宙的創造過程時，刻意以「天地」並稱，然後說：「有物混成，先天地生」（二十五章）[3]這個太初之物即名爲「道」（同上）。「道」是自本自根的自因之物：「吾不知其誰之子，象帝之先」（四章）[4]。道若是唯一的自存

2 津田左右言，〈道家之思想及其展開〉，《津田左右吉全書》卷一三（東京，一九六四），頁一二五—二六。

3 《老子》全書共八十一章，引文後即標明出處。引文除極有爭議者（如與《帛書老子》相砥觸），皆從《老子王弼注》（台北：河洛，一九七四）。

4 「象帝之先」之「帝」，可以指上帝，也可以指天。前者見蔣錫昌，《老子校詁》（上海：商務，一九三七），頁

與自足之物，則萬物的存在都必須溯源於它。因此，天地有其「根」（六章），而萬物有其「母」（一章），皆指「道」而言。然而，在道所造生的一切存在物中，「天地」占有獨特的地位。「天地」與「萬物」在以下四方面是不同的：

第一，老子所謂的受造物主要是指「萬物」而言。「萬物」一詞幾乎都相連著「生」而出現[5]。相較之下，「天地」是產生萬物的場所。最明顯的一句話是：「天地之間，其猶橐籥乎；虛而不屈，動而愈出」（五章）[6]。

第二，天地若爲萬物藉以產生的場所，則天地在邏輯上必須先於萬物而存在。道的存在被視爲「先天地生」（二十五章），這表示天地的存在雖在道之後，但仍在萬物之前。老子三十九章歷述許多「得」之物時，天與地亦先於萬物。此外，「天下萬物生於有，有生於無」（四十章）一語，亦可以解爲：「無」代表道，「有」代表天地。因此，天地對於萬物而言，是具有邏輯上的先在性的[7]。

（續）

三三；後者見武内義雄，《老子之研究》，頁一八四。老子的意圖顯然是要以「道」來取代傳統的信仰對象。參看張松如，《老子校讀》（一九八一），頁四五五。

5 譬如：「萬物得一以生」（三十九章），「萬物恃之而生而不辭」（三十四章），「萬物並作」（十六章），「天下萬物生於有」（四十章），「三生萬物」（四十二章）等。

6 這句話描寫天地與其他萬物的關係。見武内義雄，《老子之研究》，頁一八七；森三樹三郎，《「無」之思想》（東京，一九六九），頁三八。

7 自王弼本以下，《老子》第一章皆有「無名天地之始，有名萬物之母」這一句；許多學者以「無先於有」來證明

第三，天地不僅在邏輯上先於萬物而存在，而且在功能上亦優於萬物。一方面，天地與萬物的關係，類似聖人與百姓的關係：「天地不仁，以萬物爲芻狗。聖人不仁，以百姓爲芻狗」（五章）。由此可見天地對萬物的優越地位[8]。但是這句話所謂的「不仁」，並無道德上的貶斥含意，而是指超越道德判斷的層次之「無心而任其自然」的狀態[9]。另一方面，天地爲「四大」中之兩大，地位比人還高：「人法地，地法天，天法道，道法自然」（二十五章），這當然不是萬物所能企及的。

第四，天地既然介於道與萬物之間，難免具有雙重性格。一方面，天地是自然現象的本源，像：「飄風不終朝，驟雨不終日。孰爲此者！天地。天地尚不能久，而況於人乎？」（二十三章）

（續）

「天地先於萬物」。例如：木村英一，《老子的新研究》（東京，一九五九），頁五五七—六三；徐復觀，《中國人性論史》，頁三三五。但是，縱使在王弼的注裡，也只說「萬物之始」而不說「天地之始」，見《老子王弼注》，頁一。這樣看來，這句話並未提及「天地」，因此亦不宜用來證明天地與萬物的關係。見蔣錫昌，《老子校詁》，頁三—四。新近出土的寫於秦漢之際的《老子》稿本已經充分證明了上述主張。參看《馬王堆漢墓帛書老子》（文物，一九七六），頁一九、五二。《帛書老子》的甲本與乙本皆云「無名萬物之始」而不云「無名天地之始」。然而，即使根據《帛書老子》，仍有學者認爲：天地之存在先於萬物。見高亨、池曦朝，〈試探馬王堆漢墓中的帛書老子〉，收於《馬王堆漢墓帛書老子》，頁一一二，一二一。

8 木村英一，頁五五九。

9 吾人亦可說，天地之不仁，其實正是天地之大仁。此說源出《莊子》：〈至仁無親〉（參看《莊子》〈天運篇〉）。見張松如，頁三四；武内義雄，《老子之研究》，頁一八五。然而，天地之不仁與人類之不仁，所指卻可能大不相同。見錢鍾書，《管錐篇》（中華，一九七九），卷二，頁四一七—二一。

這時，天地的作爲不能久長，但是另一方面，天地是道的化身：「天長地久。天地所以能長且久者，以其不自生，故能長生」（七章）。

天地若分開使用，則有時指稱自然現象（三十九章），有時指稱自然界整體（二十五章）。就後者而言，天總是比地更接近道（十六章、二十五章）[10]。因此，在天單獨使用時，它總是指稱「自然」而言。

乙、天之道

天若爲自然之代稱，則「天之道」就指「自然之法則」而言。老子深深體會了「道」是「視之不見，聽之不聞，搏之不得」（十四章），因此特地以自然之法則做爲道之具體代表，甚至聖人也成爲道的化身了（二、九、三十四章）。

自然之法則還表現出「道」之全面性與平衡性：「天之道不爭而善勝，不言而善應，不召而自來，繟然而善謀。天網恢恢，疏而不失」（七十三章）

「天網恢恢」形容道就像自然之法則一樣，具有全面性，而這種全面性是達成下述平衡性的先決條件：「天之道其猶張弓與。高者抑之，下者舉之。有餘者損之，不足者補之」（七十七章）。全面性與平

10　二十五章：「人法地，地法天，天法道，道法自然。」這段話顯示天與道的親密關係，同時也暗示人的地位優於萬物。見錢穆，《莊老通辨》（香港：新亞研究所，一九五七），頁一五五。

衡性正是天的法則的特色，由這一特色可以形容天地對萬物是「不仁」的（五章）。聖人是依循天之道的人。《老子》全書的結語是：「天之道，利而不害。聖人之道，爲而不爭」（八十一章）。

天之道若指客觀而無心的自然法則，則不應對人世道德上的善惡有任何感應。根據老子的自然主義，天之道與道德上的人之道之間，的確找不出任何關聯[11]。但是老子明明說：「天道無親，常與善人」（七十九章）。這句話乍看之下，頗爲類似傳統以天爲道德判準的信念[12]。我們在走入這個結論之前，最好先弄清楚老子所謂的「善人」究竟何所指。

老子無疑肯定世界上有善人與惡人，但是對於判斷善惡的標準，則不曾述及。相反的，老子似乎反對一般人對正面價值與負面價值的任意區分[13]。他說：「天下皆知美之爲美，斯惡已。皆知善之爲善，斯不善已」（二章）。《老子》全書同時提及善人惡人者共有三處：

11　津田左右吉認爲，老子的自然主義其實是主張性善的，因爲老子完全摒除道德修養的必要性。由這一點看來，孟子的人性論在主張性善方面還不如老子那麼一貫。見津田，卷一三，頁一一八。但是我們也可以說：老子所關懷的並非人性，而是超越一般人對善惡的區分之道。因此，老子與孟子的人性論並不屬於同一層次。

12　譬如，《尚書．蔡仲之命》與《左傳．僖公十五年》皆有「皇天無親，唯德是輔」之類的語句。但是這並不表示老子也有類似的天概念。見森三樹三郎，《自上古至漢代性命觀之展開》（東京，一九七一），頁七八—七九。

13　對老子而言，善人與惡人之區分並非一般所認定之區分。見森三樹三郎，《性命觀》，頁七九。

(一)道者萬物之奧，善人之寶，不善人之所保。(六十二章)

(二)聖人……善者吾善之，不善者吾亦善之。(四十九章)

(三)聖人常善救人……善人者，不善人之師。不善人者，善人之資。(二十七章)

老子並未注意人如何變成善人或惡人，也不太關心善人與惡人的區分何在；他所重視的是如何對待善人與惡人。聖人以道爲楷模(例(一))，以同樣態度對待善人與惡人(例(二))。但是當他說善人是惡人之師時，似乎暗示了善人即是聖人的代表，因爲聖人「常善救人」(例(三))。不僅如此，就這裡所討論的「天道無親，常與善人」一語看來，我們可以推知：依循天之道的善人，其實正是指的聖人[14]。因此，老子自然可以肯定：依循天之道的聖人，總是可以得到天道的助佑的。天道與聖人協同一致，其實是非常自然的事。

從這種觀點看來，《老子》全書還有三處論天之處也可以隨之闡明：

(一)天之所惡，孰知其故？是以聖人猶難之。(七十三章)

(二)治人事天，莫若嗇。(五十九章)

---

14 李道群的《道德會元》謂：「善人」在此讀如「聖人」。引於蔣錫昌，《老子校詁》，頁四五九。

(三)是謂配天,古之極。(六十八章)

第一句指出自然法則的變化不是可以一目了然的,因此聖人必須多下功夫。第二句的「治人」表示聖人是統治者,而「事天」則表示聖人法天之誠,毫無傳統上祭天或奉行天命的含意。至於第三句的「配天」更與《孝經》所載傳統之「嚴父莫大於配天」毫無瓜葛。因爲第三句根本是在形容「不爭之德」(原文前段爲「善爲士者不武,善戰者不怒,善勝敵者不與……」),因此也是形容聖人之法天達到可以配天(與天並駕其驅)的程度而已。這個天,還是指自然法則而言[15]。

眞正比較費解的「天」只有以下一處:

天將救之,以慈衛之。(六十七章)

河上公的註說:「天將救助善人,必與慈仁之性,使能自當助也。」[16]這個註有兩個含意:一,原

15 高田眞治即以此三例爲證,主張老子以天爲人格神。見《東洋思潮之研究》(東京,一九四四),頁二一〇。然而,實情並非必然如此。老子之天可以解爲自然法則。福永光司,《老子》(東京,一九六九),頁三五七;張松如,頁四五八。

16 鄭成海,《老子河上公注斠理》(台北:中華,一九七一),頁四一一。依此解而作注者頗多,例見蔣錫昌,《老

文前段並未提及「善人」，只是指出「我有三寶」；老子的「我」或「吾」與「聖人」通用，是個明白的事實[17]；由此可見聖人即善人，與本文前述推論相符。二，天有意志，可以「與」人慈仁之性。我對第二點含意不能輕易苟同。理由如下：

第一，「慈」不是天所賦與人的一種本性。老子所謂的三寶是：慈、儉、不敢爲天下先。這三寶是體道之人在洞悉宇宙與人生的眞理之後，所採取的基本態度——我們總不能認爲「不敢爲天下先」或「儉」[18]是天所賦與人之性吧。「慈」自然也不是天賦之性。老子曾談到「孝慈」一詞，「六親不和，有孝慈」（十八章）與「絕仁棄義，民復孝慈」（十九章）；前者以孝慈爲後天造作，並不值得嘉許[19]；後者以孝慈爲順其自然的結果。但是老子又以「民利百倍」「盜賊無有」並舉，可見其非人性的先天特質；因此老子接著說，「此三者以爲文不足，故令有所屬（使其從屬於其他原則）」。假使孝慈即是三寶之道的「慈」，又何必令有所屬？因此，即使「民復孝慈」的孝慈可以與人性有關，它也與三寶之慈無關[20]。

（續）——

子校詁》，頁四一二。

17 參看福永光司，《老子》，〈導論〉，頁七—八；徐復觀，頁四九八。

18 見《老子》十九章、三十二章、五十九章。

19 爲了避開「慈」的這種消極含意，有人主張「孝慈」二字原爲「孝子」。見馬敘倫，《老子校詁》（香港：太平，一九六五），頁六八；蔣錫昌反對此說，見蔣氏，《孝子校詁》，頁一一六—一一七。「孝慈」二字應該無誤，見《帛書老子》，頁二三、五六。

20 「慈」字的三處用法若不加以澄清，則很難一貫敘說老子思想。例如大濱皓，《老子之哲學》（東京，一九六

第二，「慈」是老子用來顯示「道」的作用的一個稱號。「慈」代表母性之德與柔弱之情。老子以道爲「天下母」（二十五章），他說：「我欲獨異於人，而貴食母」（二十章）這種比喻用得非常恰當[21]；再看：

> 天下有始，以爲天下母，既知其母，以知其子。既知其子，復守其母。沒身不殆。（五十二章）

聖人以道爲母，同時還要代替道母來照顧百姓！試看：

> 百姓皆注其耳目，聖人皆孩之。（四十九章）[22]

這樣的聖人可以說是以慈爲寶。慈的更大效果還在於它所代表的柔弱之情的一面。試看以下五句：

（續）二），頁五五。

21 有關「母」的象徵含意與「創造」神話之間的可能關係，見吉拉多(N.J. Girardot)，《早期道家的神話與意義》(*Myth and Meaning in Early Taoism*)（柏克萊加州大學，一九八三），頁七五—七六。

22 這句話也可以解爲：百姓皆有所期待，而聖人將滿足他們的一切期待。參看于省吾，《老子新證》（一九三七），頁一四。這個看法與聖人以「慈」爲寶之說並不衝突。

「弱者道之用」（四十章），「柔弱勝剛強」（三十六章），「天下之至柔，馳騁天下之至剛」（四十三章），「柔弱者，生之徒。……強大處下，柔弱處上」（七十六章），「弱之勝強，柔之勝剛，天下莫不知，莫能行」（七十八章）。柔弱不僅是大道的作用，而且是人生達到勝利成功的唯一途徑。這樣的柔弱，似乎只有「慈」之一字才能予以統括；並且正因爲「天下莫不知，莫能行」，所以特別値得「寶」。因此，「慈」是聖人體道、法天時的首要心得。

但是老子接著對「慈」所作的描述又該如何解釋？

「慈故能勇。……夫慈以戰則勝，以守則固」（六十七章）。「慈故能勇」的勇絕不是指勇敢善戰而言，老子說：「勇於敢則殺」（七十三章）；正好相反，這個勇是指「勇於不敢」，因爲「勇於不敢則活」（同上）。爲什麼「慈」能夠使人「勇於不敢」？因爲慈之柔弱退讓，是眞正的堅強[23]：「自勝者強」（三十三章），「守柔曰強」（五十二章），而不僅是「勝人者有力」（三十三章）。這種「勇於不敢」又如何「以戰則勝，以守則固」呢？老子的見解是長遠的與超越的，他說：「夫唯不爭，故天下莫能與之爭」（二十二章），「以其不爭，故天下莫能與之爭」（六十六章）。這種「不爭之德」正是聖人「配天」與自然法則相應的重要條件（六十八章）。因此，「天將救之，以慈衛之」無異是說：天道（自然法則）將慈德

23 參看蔣錫昌，《老子校詁》，頁二六八—六九。

顯示給聖人（也可以說是聖人竭其智慧的知常之明），讓他掌握生存之道[24]。

綜上所述，老子的天概念只有兩種含意：一是以「天地」並稱來指示萬物藉以造生的「場所」；二是以「天之道」或「天」來顯示永恆常存的自然法則——重要的是，人類的安定生活與終極幸福必須由效法自然法則才能達成。人是大自然的一份子。

二、「道」概念

「道」才是老子思想的核心概念。「道」字從行從首，指人或物所取的途徑，如道路之類[25]；做爲動詞使用時，「道」字意指「指示」或「引導」；由指示與引導再延伸爲「原則」、「眞理」、「理性」、「方法」等等含意。凡物皆有其存在與發展之道，但是「道」之本身是什麼？老子的獨到之處在於以「道」爲存在界的統合概念與終極概念。其詳情可以由兩方面來討論：道的超越性與道的內在性[26]。

24　參看武內義雄，《老子之研究》，頁三七八。
25　許愼、段玉裁，《說文解字注》。
26　許多學者早已指出道的這種兩面性格。例如大濱皓，《老子之研究》，頁一〇—四〇；方東美由道體、道用、道相、道徵四方面解析老子的「道」概念，爲本文以下討論之所本。參看方氏，《中國哲學之精神及其發展》（上冊），孫智燊中譯（台北：成均，一九八四），頁一七三—七九。

甲、道的超越性

就道的超越性看來，老子以道爲形上學的符號，用以指稱萬物的本源與最終的實體。

首先，道之做爲實體，或稱道體，是超越感官知覺的：「視之不見，名曰夷。聽之不聞，名曰希。搏之不得，名曰微」（十四章）。夷、希、微正用以表示眞實名稱之不可肯定，因爲道凌駕在思想及語言的領域之上。老子開宗明義就說：「道可道，非常道。名可名，非常名」（一章）。道是無法名狀與不可言說的，但是道並非空無一物[27]。相反的，「有物混成，先天地生」（二十五章），這個混成未分之物即是道。「道」這個字在《老子》五千言中出現七十六次，每次皆有不同的脈絡，以顯示道體本身之不易掌握。我們可以設法由老子的描述語句來「想像」這個道究竟是什麼。

就道之遍在萬有、無限含容而言，它可以稱爲「大」（二十五，三十四）；就道之隱密，不易爲凡人所見而言，它可以稱爲「小」（三十四，五十二）；就道之自己如此或自然而然的性格而言，它可以稱爲「自然」（二十三，二十五）；就道之公平無私而言，它可以名爲「天之道」（七十七，七十九，八十一）；就道之玄之又玄而言，它可以名爲「眾妙之門」（一）；就道之存在優先性而言，它可以名爲「天下母」（二

27 參看卡登瑪（Max Kaltenmark），《老子與道家》（*Lao-tzu and Taoism*），由R.Greaves英譯（史丹福大學，一九六九）頁三五—三六。卡氏認爲這兩段話（一章、十四章）「指出密契主義者的經驗之一面，亦即當他爲了體證絕對者時，必須先經歷空無」（頁三六）。

十五，五十二）；就道之根本純一性而言，它可以命爲「樸」（三十二、三十七）；就道之柔順謙下而言，它像「水」一般（八）；就道之無限生機而言，它像「玄牝」或不死的「谷神」（六）[28]。

除了上述的描述語句之外，老子還使用了兩個基本概念來說明道。這兩個基本概念，亦即「有」與「無」，具有明顯的形上學性格。西方的重要哲學家像巴曼尼得斯、柏羅丁、斯賓諾莎等人以及傑出的密契主義者像艾卡特與十字若望等人都曾專心沉思過這兩個概念[29]。

老子說：「天下萬物生於有，有生於無」（四十章）。在某一意義上，有與無具有同等的重要性；它們是相反相生的（十二章）。莊子在〈天下篇〉曾歸納老子的學說是「建之以常無有」。「常無有」可以指常無與常有，亦即以無與有爲兩大原理[30]。所謂以「無」爲先在，並不是說曾有某一時期只有「無」存在，而是說從邏輯上看來，「有」存在之前的某物或某種狀態可以名之爲「無」[31]。那麼，在「有」

28 傅偉勳，〈老子的道概念〉（"Lao Tzu's Conception of Tao"），《探討》（*Inquiry*）期一六（一九七三）頁，三七五。

29 威爾奇(Holmes Welch)，《道家，道的分岔》(*Taoism, the Parting of the Way*)(Boston: Beacon Press, 1966)，頁一三。

30 《莊子．天下篇》。蔣錫昌提出不同的解釋，謂「常無有」不宜字字分讀，而實指絕對之道或自然之道。見蔣錫昌，《莊子哲學》（上海：商務，一九三五），頁二四九。但是，常、無、有三字在《老子》一書並無連用爲一詞之例，分別使用卻屢見不鮮。

31 馮友蘭，《中國哲學之精神》（*The Spirit of Chinese Philosophy*），由E.R. Hughes英譯（London: Kegan Paul, 1947），頁六二。

之前的「無」又是什麼呢?它是空虛或虛無嗎?顯然不是。《韓非子》〈解老篇〉說:「道者,萬物之所然也。……道者,萬物之所以成也。……常者無攸易,無定理,非在於常所,是以不可道也。」[32]

由此可見,老子以「道」爲形上學符號,是爲了指稱最終的實體;萬物由之生生不已,「無」藉之引發積極的功能,吾人對之則只能讚嘆其奧妙無窮[33]。

其次,道之做爲本源,或稱道源,是一切存在物的母體。道既然「先天地生」(二十五章),亦即先天地而存在,那麼萬物必須由道而來:「淵兮,似萬物之宗」(四章);至於萬物之「如何」由道而生,老子以「玄牝」爲喻,他說:

> 谷神不死,是謂玄牝,玄牝之門是謂天地根。綿綿若存,用之不勤。(六章)

道之無並非空無一物,而是如谷之虛[34],會發生創造作用,因此名爲「谷神」——「神」表示奇妙的變化現象,有如神明之不可名狀[35]。「不死」,表示充滿生機,象徵了創生之源的母體「牝」。玄牝

---

32 《韓非子.解老篇》。

33 至於道生萬物的理由何在,則《老子》一書並無說明。見津田左右吉,卷一三,頁一〇八。

34 關於「谷神」一詞與中國神話學的可能關連,見卡登馬,頁四〇—四二。

35 齋藤晌認爲「谷神」是「道」的人格化體現。見《老子》(東京,一九七九),頁二五一。

是形容道的創生作用無跡可尋。天地即由此而生。但是這種造生既無意志，也無目的，更無行動，而只是讓一切自然發生；「綿綿若存」表示從容展開，若無其事，因而可以作無限的創造而不致困窮[36]。這段話是很成功的比喻，說明了道做爲本源的特色。

至於道的實際創生過程，當然難以言詮了。老子說了一句極端費解的話：「道生一，一生二，二生三，三生萬物。萬物負陰而抱陽，沖氣以爲和」（四十二章）。

這句話的前半段有兩種解釋。一是從知識論的立場分析太初之一與名實對應之二，再引伸到三與無法計算的萬物，然後提出不必追索、順物自然的建議。這是莊子說的：「既已爲一矣，且得有言乎？既已謂之一矣，且得無言乎？一與言爲二，二與一爲三。自此以往，巧曆不能得，而況其凡乎？故自無適有以至於三，而況自有適有乎！無適焉，因是已。」[37]

這種看法似乎是說，在時間之流上回溯宇宙的本源是徒勞無功的；一與多的問題不可能在宇宙論的思辨中得到解決。道之做爲本源，只要肯定它是混成不分的太初實體就行了。

另一種解釋還是針對宇宙發生的可能程序來著想。徐復觀認爲老子這段話中的「二」或者是指天地而言。因爲一、在老子思想中，天地與萬物的創生是分開的；二、天地的創生，在萬物之前；三、天地

36　本段文字基於徐復觀的解說，見徐氏，頁三三一——三二。

37　《莊子．齊物論》。福永光司指出，莊子這段話係出自知識論的觀點。見福永氏，《莊子》（東京，一九六六），〈導論〉，頁一三。

是萬物創生所不可缺少的條件。天地在中國傳統觀念中「可以說是一個時空的形式，可以持載萬物的。」[38]因此在程序上(更好說是在邏輯上，不然會產生是否有天地已存在而萬物尚未存在之類的問題)，天地先於萬物。所謂「一生二」的「二」係指天與地[39]；「二生三」的「三」係指一與天地並存的狀態(這裡的「生」不是創造)。於是以一爲本源，以二(天地)爲場所，萬物就生生不已了，爲「三生萬物」[40]。

以上這兩種解釋雖然不同，但並未互相矛盾。莊子從知識論著手，目的正是要突破知識論的框框，肯定道原是太初的實體，其作用只是「因是」(讓萬物自然發生)。能夠讓萬物自行其是者，本身即是「道」或萬物的法則。宇宙萬物的產生過程，當然不能脫離「道」了。於是整個存在界形成一個和諧的整體或統一的機體[41]。李約瑟就主張道即是自然之法則，然後說：「道在肇生萬物及統理萬物時，所採

---

38 徐復觀，頁三三五。

39 徐復觀的解說並未提及「道生」一語。他一方面把「一」當做「有」，另一方面又把「一」當做「道」的別名(頁三三三)。武內義雄認爲，老子以「一」指稱道的本體論方面，但是「有」則用來指稱萬物。見武內義雄，《老子原始》(東京，一九六七)，頁一三三—三五。蔣錫昌主張「一」即「道」；就其名而言爲「道」，其數而言爲「一」；見《老子校詁》，頁二七九。卡登瑪以類似而更明確的方式說：「道」是用來指稱第一章所謂的「常道」，「一」則相當於「可名之道」。見卡氏，頁四〇。以上各家說法似乎都受到莊子知識論解釋的影響。也有人認爲「一」指「太極」，但是「太極」與「道」的關係尚待闡述。見齋藤晌，頁一四五。

40 關於「二」與「三」的各種解釋，見蔣錫昌，《老子校詁》，頁二七八—七九；木村英一，頁五六〇—六三。

41 參看張鍾元，〈中國文化中的道概念〉("The Concept of Tao in Chiness Culture")《宗教評論》(*Review of Religion*)期一七(一九五三)，頁一二七—二八。

的途徑是藉著時空中某種自然的勢能，而不是有形的力量。」[42]

因此，老子以道做爲本源，是要肯定道是天地之根，本身無窮無盡，雖不可見，卻可發揮偉大作用，造生萬物。萬物在道之中正如嬰兒在母親的懷抱中。

乙、道的內在性

既然道是「天下母」，萬物由之而生並且含容於其中，那麼我們不妨進一步談談道的內在性。在這方面，最明確的一段話是：「大道泛兮，其可左右？萬物恃之而生而不辭，功成不名有。」(三十四章)我們可以由兩方面來申述道的內在性。

首先，道之做爲「作用」，或稱道用，是大自然所遵循的途徑。道是萬物的法則、韻律與動力，更是一切生命現象的主導原理。因此，「道常無爲，而無不爲。」(三十七章)「無爲」是道的本色，而其成效卻是「無不爲」，原因即在於道之內在於萬物。道的性質應該是屬於精神方面的現象：因爲物質有時而窮，精神愈用愈出；「既以與人，己愈多。」(八十一章)形容聖人體道而行的奇妙後果，也表示了道像精神一般永無枯竭的可能。這樣的道，很接近柏格森所謂的宇宙之「生命衝力」，也很近似宇宙所

---

42 李約瑟(Joseph Needham)，〈中國之科學與文明〉(“Science and Civilization in China”)卷二(劍橋大學出版社，一九五六)，頁三六—三七。

遵循的「永恆法則」[43]。

道的動力爲什麼永不枯竭呢？因爲道的運作方式是雙向的；「反者，道之動」（四十章）。反復循迴，表示向前推進時，可以自「無」產生各色各樣的「有」；向後退反時，可以使萬物之「有」依託於超越無盡的「無」而產生恰當的功能。因此老子說：「有之以爲利，無之以爲用」（十一章）[44]。於是，道藉著「無」與「有」的雙向運作而遍在萬物。莊子對於道之無所不在，也有生動的描述：

> 夫道，於大不終，於小不遺，故萬物備，廣廣乎其無不容也，淵乎其不可測也。[45]

假使要深入追究道的作用如何施展，我們必須討論老子的「德」概念，亦即道之做爲德的一面。「德」是萬物得之於「道」以存在的根據。王弼注「道生之，德畜之」（五十一章）之「德」爲「得」，正是此意[46]。莊子也明白指出：「物得以生謂之德。」換句話說，德是道之展示或體現[47]。老

---

43 史米士（Huston Smith），《人之諸宗教》（*The Religions of Man*）（New York: Harper and Row, 1965），頁一九九。

44 方東美，頁一七六。

45 《莊子．天道篇》。

46 王弼注曰：「道者物之所由也，德者物之所得也」（五十一章），見《老子王弼注》，頁七二。

47 《莊子．天地篇》。

子在五十一章接著說：「道之尊，德之貴，夫莫之命而常自然。」道配合德的作用，進一步對萬物「長之，育之，亭之，毒之，養之，覆之」。由此可知，德一方面是道與萬物之間的環扣，同時更是萬物的本質[48]。道是統合的整體，無名的太一，萬物之多必須得一以存。萬物所得者，即其存在之根據。因此，道無所不在，萬物含容於道中[49]。

傳統的神性上帝在老子思想中並不重要[50]，「象帝之先」一語就指出道已經取代了傳統的天或帝的地位。道的創生作用是無意志、無目的的，一切都成於自然而然，爲了描述這種「自然」之德，老子用了許多消極字眼，像：無爲、無知、無欲、無言、無我、虛、弱、柔、靜、樸等[51]。

這些字眼雖然看來消極，事實上卻充滿積極的效應，因爲它們與道並行而進。譬如「天之道不爭而善勝，不言而善應，不召而自來，繟然而善謀」（七十三章）。消極並不是指故弄玄虛或放棄不管，而是指積極的配合「反者道之動」（四十章）的大原則[52]。「無爲而無不爲」（四十八章）即是此意。因此，道的

48 由此可以說，一物之德正是一物之性；因此，老子所謂的「德」，極近於儒家所謂的「性」。見錢穆，《莊老通辨》，頁一六七。

49 大演皓認爲，存在法則與義務法則會合於「以道爲德」的概念上。見大演氏，頁八一。

50 參看理雅各(James Legge)所譯《道家原典》(*The Texts of Taoism*)(New York: Dover, 1962)，頁一八。

51 傅偉勳，頁三八七。

52 「反」字有「否定」(如「正反」之反)與「回復」雙重意義。關於「反」字的辯證論含意，見錢鍾書，《管錐篇》，卷二，頁四四四—四九。

內在性表現爲萬物的生命原則或根本動力——萬物藉之而生，失之則亡。

總結以上所論，老子在中國知識史上，是第一位闡明道的超越性與內在性的哲學家。莊子根據老子的道概念，試圖由新的角度理解與描述實在界。老莊二者代表古典道家：一方面顯示了對宇宙人生的深度思辨，另一方面則以助人解脫自我，亦即求得精神自由爲目標。這一點在我們討論莊子思想時，將會得到進一步的說明。

第十一章
莊子

莊子（生年約當西元前三六〇—二八〇年）是戰國時代的思想家。《史記》說他是宋國蒙人，與梁惠王、齊宣王同時。這樣看來，他的年代與孟子非常接近，是一個舊的社會制度正在崩潰，而新的價值規範尚未建立的轉型時期。政治方面，群雄爭立，戰禍連年，民生非常疾苦；思想方面，百家爭鳴，莫衷一是，人心無所適從[1]。孟子繼孔子之後，努力闡明人性之內在善根及仁義之順天應人，企圖喚醒諸侯及人民，共同重建道德化的政治體系。莊子則繼老子之後，從一種超越的眼光透視人間萬物的眞實本性，指出根本的人生智慧在於擺脫及化解一切外在內在的羈絆，還出一個適性逍遙的自我。這兩大思潮

1 《史記》，卷六十三，〈老子韓非列傳〉。許多著作對於莊子生平的歷史背景都有詳細討論。例如，馬敘倫，《莊子義證》（上海：商務，一九三〇），附錄一：〈莊子年表〉，頁一—九。

的目標是相似的：爲個人求安身立命，爲人類求和諧共存。只是兩者所持的觀點有異，所採的途徑不同而已。

孟子的觀點是正面的，途徑是積極的；相對於此，莊子的觀點是超越的，途徑是消極的。消極的途徑並無損於積極的目的，因此莊子既不逃避現實，也不否定人生，當然更不會有縱欲之念與悲觀之情了。莊子的消極途徑是指：化解人與物之對立，泯除是非之分及仁義之稱，齊平死生之執念，無知無欲，忘我逍遙等。他的目的則是積極的；使眞正自我超脫解放，亦即追求人的精神之自由及滿全[2]，進而與大自然同遊共化，展現人生至美的境界。所謂莊子的超越觀點，是指他透過對「天」之理解，來說明人的本性之實然與應然。「天」概念在莊子思想中確實占有關鍵地位。荀子曾批評莊子「蔽於天而不知人」[3]，並非空穴來風。莊子對天的理解極其透徹周全，但這並不表示他的「人」概念因此陷於偏頗

2 馮友蘭，《中國哲學史》，頁二八八。關於這一點，最完備的闡發見方東美，《中國哲學之精神及其發展》上冊，孫智燊譯（台北：成均，一九八四），頁一八五起。

3 李滌生的《荀子集釋》（台北：學生，一九七九）說明這句批評如下：「莊子宗天，因任自然而薄人文，荀子主人，崇尚禮樂而重人爲。〈天論篇〉曰：『錯人而思天，則失萬物之情。』正所以解莊子之蔽。此言：莊子以因任自然爲道之極軌，而不知人力之足以制天用天。萬物固由天生，成之則在人也」（頁四八〇）。事實上，莊子對人性的討論是放在「天」這個整體觀察來看，自然與儒家（尤其荀子）所見不同。詳見以下二註。

狹隘[4]。事實上，他對人的看法與儒家大不相同，頗有見仁見智之妙[5]。

本文將以梳理莊子的「天」概念爲主，並在適當地方論及他對「道」與「人」的看法。《莊子》全書三十三篇幾乎每一頁都出現「天」字。天的意義一般說來，是指自然界或屬於自然之物，甚至是「道」的別稱[6]。但是稍加分析就會發現：莊子以「天」爲多義名詞，其內容包羅萬象，因此值得我們仔細研究。

莊子的天有六種用法及意義。我們先討論較不重要的兩種。

第一，天指天空而言[7]。這種常識性的用法，只是以天爲一高高在上的自然現象而已，沒有什麼深

4 莊子強調天之道，但並未因而忽略人之道。王叔岷認爲，莊子哲學與唯我主義、放任主義、逃避主義、空談玄思等消極立場絕不相容。王叔岷，《莊子管窺》（台北：藝文，一九七八），頁一〇—一七。

5 莊子的人論顯然與儒家所見大不相同。他不曾扣緊性善性惡的分際，指出人的道德修行應循的途徑。但是他對人性的另一向度則頗有發揮：像個人之地位平等——人皆有其個體性，而且每一個體自成一價值中心；個人之精神自由——人皆可超越內外束縛，獲得眞正解脫；以及個人之冥合自然——與天地萬物之造化，「道」通爲一。這種思想其實可以補儒家之不足。參看方東美，頁一九二—一九三。

6 這是一般對莊子「天」概念的了解。例如，英譯《莊子》的華特生(B. Watson)即從此說。見《莊子》（哥倫比亞大學，一九六八），〈導論〉，頁二五。

7 譬如：〈逍遙遊〉中的「其翼若垂天之雲」，「天之蒼蒼，其正色邪」，「背負青天而莫之夭閼者」，「大浸稽天而不溺」，「其大若垂天之雲」；〈齊物論〉中的「仰天而噓」；〈人間世〉中的「會撮指天，五官在上」；〈大宗師〉中的「且汝夢爲鳥而厲乎天」等，皆以「天」爲「天空」。

的內容。但是正因爲天之高遠，可以讓莊子寄託豐富的想像力；於是在形容體道之人的心靈狀態之解脫自適時，天就成爲「上界」的比喻了。像「大宗師」所云：「黃帝得之，以登雲天」，「登天遊霧，撓挑無極」。

第二，天指談話中的對方[8]。這種尊稱主要見於外篇的〈在宥〉，其中人物都是寓言的角色，而所談內容似與養生有關。譬如，廣成子自述「長生」之道，「故我修身千二百歲矣，吾形未常衰。」然後，黃帝再拜稽首曰：「廣成子之謂天矣！」這裡的天可以解爲「達到天的境界」或「與天合而爲一」。由於天長地久，廣成子也自稱：「人其盡死，而我獨存乎！」這裡的死與存並不是後來的神仙家所強調的長生，因爲莊子對生死的基本態度是「死生，命也」（大宗師），就像「春秋冬夏四時行也」（至樂）。這是非常達觀的立場，他的要求只是「終其天年」或「盡其所受於天」而已，絲毫沒有企望長命百歲或千歲的念頭[9]。〈在宥〉直接稱人爲天，則見諸「雲將與鴻蒙」的寓言。雲將稱對方：「天忘朕邪？」又說：「吾遇天難，願聞一言。」這裡的兩處「天」都是指的鴻蒙。鴻蒙的境界也確實獨到：「大同乎涬溟，解心釋神，莫然無魂」這正是某種天人合一之描述。雲將聆聽高見之後說：「天降朕以德，示朕以默，躬身求之，乃今得也。」再拜稽首，起辭而行。雲將這句話中的「天」似乎又指傳統所

8 稱人爲「天」，亦表尊敬之意。參看馬敘倫，《莊子義證》，卷二，頁一一。

9 徐復觀認爲，莊子所重者毋寧是人的精神狀態。見《中國人性論史》，頁三七九。

謂造生萬物之大自然而言。〈田子方〉記載文王見姜子牙釣魚，敬佩無已，想將政治託付於他，原因是：「不忍百姓之無天也」。這個「天」指爲人民謀福的臣相而言，如天之覆民。這是比喻的用法。由此亦可見莊子使用文字之自由與任意了。還好，這種稱人爲天的例子極少，且多見於外篇。其意義除了像前述廣成子代表「天人合一」的境界發言以外，並無特殊之處。至於〈大宗師〉的一句名言：「庸詎知吾所謂天之非人乎?所謂人之非天乎？」則是由另一層次所作的評論，並非此處所談之以天稱人。這一點稍後會述及。

莊子「天」概念的另外四種意義，皆與「自然」有關，但是其中的細節區分非常重要。本文將依次討論：一、天爲「自然之總稱」，二、天爲「能產的自然」，三、天爲「所產的自然」，四、天爲「自然之原理」。

一、天爲「自然之總稱」

我們若以天爲「自然之整體」來看，可以歸結出以下四點特色：

第一、自然在時間上是無始無終的，在空間上是無窮無盡的。就時間而言，儒家的《易傳》已經充分發揮生生不息的道理，以「窮、變、通、久」來說明時間之嶄向無限的未來。莊子則更進一步，把儒家在「過去」所安置的定點（如，太極）[10]亦化解掉，使時間成爲雙向的無限：未來與過去都是無限。宇宙的起點可以說是「無始」：「有未始有夫未始有始也者」（齊物論），連未曾開始之前都可以再往上溯，那當然是無始了。老子強調「有生於無」[11]，莊子則連無也要化掉：「有未始有夫未始有無也者」（齊物論）。這是爲了避免凡人把「無」當做一個過去之定點。無始之物也是無終之物：「吾觀之本，其往無窮；吾求之末，其來無窮」（則陽）。因爲萬物的性質是「窮則反，終則始」（則陽），而且「始卒若環，莫得其倫」（寓言）。所以莊子說「無古無今，無始無終」（知北遊）。

就空間而言，莊子首先要破除相對的小大之辨。他說：「天下莫大於秋毫之末，而大山爲小」（齊物論）。這是違反常識的說法。理由何在？「因其所大而大之，則萬物莫不大；因其所小而小之，則萬物莫不小」，這樣就能「知天地之爲稊米也，知毫末之爲丘山也」（秋水）。積極方面，莊子描寫宇宙的廣大無涯：「計四海之在天地之間也，不似礨空之在大澤乎？計中國之在海內，不似稊米之在大倉乎？」（秋水）。

這樣的宇宙不是有形的實質天地可以範圍的；它已經拓展了一個詩意想像的天地，可以讓人自由遨

10 方東美說得好：「儒家的《易經》哲學儼然以時間在過去有其固定之始點，只是向未來奔逝無窮。然而莊子卻只接受時間展向未來，無窮延伸，而否認時間在過去，由於造物主之創始，而有所謂任何固定始點之看法」（頁一八四）。

11 《老子》四十章：天下萬物生於有，有生於無。

遊。莊子一再描述的「以遊無窮」（逍遙遊）、「遊乎四海之外」（齊物論）、「入無窮之門、遊無窮之野」（在宥）、「浮遊乎萬物之祖」（山木），都是以上述自然觀——在時間上無始無終，在空間上無窮無盡——爲其先決條件的。

第二、自然既是無限，則從無限之觀點看來，一切「有限」之物當然是齊平的。《莊子》全書用了許多與天連稱的複合詞，像「天倪」「天鈞」「天府」等，都可以從「天即無限，並由無限以觀有限」的角度來了解。這樣一來，萬物是平等的：「以道觀之，物無貴賤」（秋水）。貴賤高下，是非善惡之分往往出於人的「成心」。齊物論的主旨即在化解這種成心[12]。「自我觀之，仁義之端，是非之塗，樊然殽亂，吾惡能知其辨！」（齊物論）。萬物萬人皆各有其是非，莊子主張「和之以天倪」，看出是與不是，然與不然都是相對的，然後「忘年忘義，振於無竟」——遊於無窮的領域。所謂天鈞，也是以天爲無限而化解是非：「是以聖人和之以是非而休乎天鈞」（齊物論）[13]。莊子這種見解，與西哲斯賓諾莎的「自永恒的形相觀之」有異曲同工之妙處；而莊子「自無限的形相觀之」的手法兼含時空在內，因此運用起來更周全，而其超脫的境界也更徹底。

第三、以天爲「無限」所見的萬物是齊平的，因此人對萬物的態度也應該一律平等。如何才能平等

12 參看錢穆，《莊子纂箋》（香港：東南，一九五一），頁八。

13 參看馬敘倫，《莊子義證》，卷二，頁二三。

呢？「無爲」而已。試看：

> 牛馬四足，是謂天；落馬首，穿牛鼻，是謂人。故曰：無以人滅天，無以故滅命，無以得殉名。謹守而勿失，是謂反其眞。（秋水）

這種順物自然的態度即是「以天合天」（達生）。讓一物成其一物，讓萬物成其萬物。莊子所讚美的古之眞人即是：「以天待人，不以人入天」（徐無鬼）。「不以心損道，不以人助天」（大宗師）[14]。這種立場與主張制天、用天的荀子當然無法相侔。荀子與莊子在某種意義上都是自然主義者，都以自然爲客觀獨立的實在界，但是他們的取向卻截然相反；荀子要利用自然，莊子要享受自然；荀子視天爲對立之物，莊子則以天爲友，「與天爲徒」（大宗師）。

因此，以天爲「自然之總稱」，這個天也包括人的作爲在內。「知天之所爲，知人之所爲者，至矣……庸詎知吾所謂天之非人乎？所謂人之非天乎？」（大宗師）

天與人可以代換，原因即是兩者都「無爲」：順其自然。在莊子思想中，人的地位是獨特的；我們

14　「不以心損道」之「損」字，一般作「捐」；茲從王叔岷，《莊子校釋》（台北：台聯國風，一九七二），卷一，頁四五。

不能因為齊平萬物，而混同人與物。人與萬物之合一，是一種高度的精神自覺所達成的精神境界，而決非渾渾噩噩的混同為一。

第四、以天為自然之總稱，則這個自然顯然是沒有「造物者」的。莊子的自然在時間與空間兩方面皆無止盡，因此對於預設一個「定點」的創造行為是難以想像的。至於自然中之萬物，似乎也具備類似的性格：「扁然而萬物自古以固存」（知北遊）。至於萬物如何「自古以固存」，莊子在〈至樂〉有一整段描寫「萬物皆出於機，皆入於機」，好像假定萬物的演化過程是由簡而繁，再由繁入簡的循環交替。類似的想法也見於〈在宥〉：「今夫百昌，皆生於土而返於土。」至於「機」與「土」由何而來，我們在下一節討論「能產的自然」時，將會發現莊子對這一類屬於生物學上的問題並無興趣[15]。莊子的答覆頂多限於：「萬物皆種，以不同形相禪，始卒若環，莫得其倫，是謂天均，天均者天倪也」（寓言）。

作為萬物之「種」的是「氣」。「氣」在莊子思想中同時具備物理學的與形上學的雙重性格[16]。我們稍後會談到這一點。

然而，《莊子》一書屢次出現的「造物者」一詞又該作何解釋？簡單說來，這個「造物者」是「道」的別名。正如莊子所說的「道」：「自古以固存，神鬼神帝，生天生地」（大宗師），這是萬物的

---

15 胡適即特別指出莊子此語之演化論含意。見《中國古代哲學史》（上海：商務，一九一九），頁二六〇—六一。對此說之批評，見蔣錫昌，《莊子哲學》（上海：商務，一九三五），頁八—十。

16 蔣錫昌指出，「種」即「氣」之別名，用以比喻天道不息的創造力。見《莊子哲學》，頁八—九。

根本原質；另一方面，它也代表了「自然之原理」，與人的精神相對應，因此可以讓莊子「上與造物者遊」（天下）。詳情在以天為「自然之原理」一節中會談到。齊物論所謂的天籟是：「吹萬不同，而使其自已也，咸其自取，怒者其誰邪？」這段話常被引用來證明莊子不認為有一個造物者存在[17]。莊子當然不曾談論一位人格神的造物者是否存在的問題，但是他無疑相信人有應循之道，而且這個道與天關係密切——密切的程度使我們可以了解為何莊子以擬人化的名詞「造物者」來表現自然之最高原理。至於「天籟」那一段話，固然可以形容萬物各適其性的自主狀態，但並未涉及萬物之來源問題[18]。

綜上所述，莊子以天為「自然之總稱」，其實是要肯定一個無限的宇宙；再由此一無限之立場觀照萬物，指明萬物之齊平亦為自然現象；然後提醒人自然無為以法天；至於萬物的來源問題，則與人格神的造物者無關。

17 例如：徐復觀，頁三九〇；李杜，《中西哲學思想中的天道與上帝》（台北：聯經，一九七八），頁一四八。

18 關鋒走向另一極端，認為這段話肯定了「眞宰」、「道」或「絕對精神」的存在。見《莊子內篇譯解和批判》（中華，一九六一），頁一二〇。蔣錫昌正確指出：「『天籟』係指自然界本身之任物自化而已。《莊子哲學》，頁一一二。

二、天爲能產的自然

所謂「能產的自然」，就是以天爲創生的動力。這種意義的天有兩大特色：一、天地並稱；二、與萬物對舉。

以天地並稱來代表萬物之起源，是莊子以前的儒道兩家常用的手法。莊子亦不例外，他說：「天地者，萬物之父母也」（達生）。天地之所以能被視爲萬物之起源，是因爲它們提供萬物一個存在的空間，像「天無不覆，地無不載」，「天無私覆，地無私載」這一類觀念所表達的正是這個意思；更重要的，則是天地的本質純爲一「氣」，而萬物之生滅變化也只不過是此一「氣」之流行而已[19]。我們可以分三點說明這個天觀念。

第一，天地之創生萬物是無目的的。這種「無目的」首先表現在「無爲」方面。老子曾說：「道常無爲而無不爲。」（三十七章）莊子則以具體的天地來說明：「天地無爲也而無不爲也」（至樂）。這裡「爲」與「不爲」的對象顯然是指萬物而言：「天無爲以之清，地無爲以之寧，故兩無爲相合，萬物皆

19　做爲創化的原動力，天無異於道之別名。蔣錫昌認爲此種原動力之流行，含有以下四個原則：「一、力之發生，有絕對的權威。二、可以分散爲各種之力，而不息滅。三、力之分散爲偶然的、盲目的。四、分散之方式：甲，有不變而動者；乙，有不變而靜者；丙，有常變而動者。」見《莊子哲學》，頁六。

化(生)」(同上)。

這種「無目的」其次表現在萬物之「自化」方面。莊子說：「物之生也，若驟若馳，無動而不變，無時而不移。何爲乎？何不爲乎？夫固將自化」(秋水篇)。

不管天地是否無爲，萬物之存在是個明顯的事實。不管萬勿是否自化，化來化去也必須有一個不滅的根本原質。這個原質是什麼呢？莊子藉老子之口說：「至陰肅肅，至陽赫赫；肅肅出乎天，赫赫發乎地；兩者交通成和而物生焉」(田子方)。

這句話顯然脫胎於老子的「萬物負陰而抱陽，沖氣以爲和」(四十二章)。但是莊子進一步把陰陽與天地聯起，則有以氣貫通天地的用心。

第二，天地之原質即是陰陽，而陰陽爲氣之總稱，故天地之原質即是氣。天地與陰陽可以分別言之：「是故天地者，形之大者也！陰陽者，氣之大者也！」(則陽)。以陰陽這兩種相反相成的概念來說明氣，正可以表現氣之變化無已與自足自立的雙重性格。換句話說，陰陽之氣即是天地藉以造生萬物的資具：「陰陽於人，不翅父母」(大宗師)；這句話無異於「人之生，氣之聚也」(知北遊)。至於萬物，自然也不例外。前面提到的「萬物皆出於機，皆入於機」以及「百昌皆生於土而返於土」，其中所說的「機」與「土」都是「氣」的代稱而已。

〈天地〉所謂：「天地雖大，其化均也；萬物雖多，其治一也。」這裡的「化均」與「治一」都可以歸結到恒存的「氣」。但是我們不必把莊子的「氣」局限於物質世界中的一種元素，像水火土氣之氣；事實上，莊子很可能是要借用「氣」之不限定的性格來彰顯他的精神境界。〈天下〉論莊子所聞其風而悅之的「古之道術」，就有幾句形容詞非常有趣：「芴漠無形，變化無常……芒乎何之，忽之何適」；這樣的「道術」似乎只有用「氣」才能形容其萬一。換句話說，肯定宇宙是氣，只是莊子的權宜手法——不管他是否眞正如此相信——他的目的則在於「遊」。假使這種「遊」不是形容精神境界的話，那麼莊子所謂「乘天地之正，而御六氣之辯，以遊無窮」（逍遙遊）這一類的話只是徒託空想而已[20]；至於「遊乎天地之一氣」（大宗師）也成爲難以理解的謎語了——人本爲氣之聚，又何須「遊」乎天地之一氣？我們發現，莊子打通物質界與精神界的手法非常特殊，也非常高明：「氣」可以說明物質界的變化無常與根本原質，同時也給精神界的逍遙解脫留下了餘地。

第三，天地與萬物從「能產的自然」的角度看來，既然都是「氣」之流行，則整個存在界自然是「道通爲一」的。莊子說：「其分也，成也；其成也，毀也。凡物無成與毀，復通爲一」（齊物論）。這個「一」是一於氣，所以說：「通天下一氣耳」（知北遊）。

萬物雖然千差萬別，但是「自其同者視之，萬物皆一也。」（德充符）這個「同者」在哲學術語上稱做「共相」，譬如，一物是「有」而非「無」，則自其「有」觀之，此物與他物之「有」皆爲「有」，是可同之也。在莊子則以這個「同者」爲「氣」，因此他的「氣」也屬於形上學的概念。因此，所謂

20 莊子的「遊」主要是精神獨立自主的結果。見王叔岷，《莊學管窺》，頁一七九—八一。

「天地一指也，萬物一馬也。」（齊物論）都是形容存在界的共同原質是唯一的。

假使存在界的原質只是一個「氣」，那麼萬物的生滅變化就成為表面的現象了。我們以為萬物有生滅，其實它們是「合則成體，散則成始」（達生），亦即「方生方死，方死方生」（齊物論）。我們以為萬物在發展，其實它們是「萬物云云，各復其根」（在宥）。這個根也就是「氣」。

這種氣化一元論對於莊子的人性論也有直接的影響[21]。就人之形體而言，「人之生，氣之聚也。聚則為生，散則為死」（知北遊），莊子在喪妻時居然鼓盆而歌，他的理由就是：

察其始而本無生，非徒無生也而本無形，非徒無形也而本無氣。雜乎芒芴之間，變而有氣，氣變而有形，形變而有生，今又變而之死，是相與為春秋冬夏四時行也。（至樂）

莊子所讚賞的「天人合一」，因此難免落實於形質上的意義[22]。譬如：「無始而非卒也，人與天一也」（山木）；「形全精復，與天為一」（達生）。這裡的「天」都是指創化的原質，亦即「氣」而言。這種「天人合一」有一個特色，就是「泯除自我」：第一步，「吾身非吾有」，人並未「有」自己的身體

21　大濱皓曾以九點說明莊子的生死觀，但其要旨已在本文述及。見《莊子的哲學》（東京，一九六六），頁五六。

22　卡登瑪（Max Kaltenmark），《老子與道家》（由R. Greaves 英譯，史丹福大學，一九六九），頁八一。卡氏說：「生死只不過是自然的變形，形態轉變而已，就像蛹幻化為蛾一樣。」

與性命，因爲這些都是「天地之強陽氣也，又胡可得而有邪！」（知北遊）。第二步，連自我意識也要化解，「庸詎知吾所謂吾之非吾乎？」（大宗師）。

然而我們必須立即指出：這種泯除自我之「天人合一」，在莊子思想中是權宜之計。其適用範圍在於人之形體。對於人之精神，莊子毋寧是非常珍惜的。換句話說，莊子還有另一種「天人合一」，充分肯定了自我的意義與價值[23]。最典型的一句話就是：「天地與我並生，而萬物與我爲一」（齊物論）。這裡的兩處「我」，都是對於人之精神主體的肯定[24]。這一觀點稍後還會談到。至少我們在此可以先想到一點：莊子極力主張「化」與「遊」；「化」固然可以說是與萬物同化爲一，但是「遊」則必須假設一個精神主體，否則是什麼東西在「遊」呢[25]？

綜上所述，以天爲「能產的自然」，主要在說明萬物的來源即是天地；但是天地並無意志，只是隨其原質的氣之流行化生而已；天地與萬物的原質既然都是氣，則整個存在界可以相通爲一；人的形體亦

---

23 參看森三樹三郎，《自上古至漢代性命觀之展開》（東京，一九七一），頁九一；阿部正雄，《莊子》（東京，一九六九），頁三七。孟洛（D. Munro）提出類似看法；他說，道家的「合一」有形質上（物理上）與知性上（心靈上）雙重意義。見《早期中國的人概念》（史丹福大學，一九六九），頁一五八。

24 參看關鋒，頁一二六—一二七。關氏認爲，人的精神是莊子所珍惜保存的（頁一六一）。他進一步指出：一、得道的「眞人」是靈魂不朽的；二、這種「不朽」觀念是邏輯性推理的結果；三、轉世重生並非莊子的目標（頁二四六）。

25 在這一點上，筆者無法同意蔣錫昌所說：「此種功夫，如臻最後地步，竟可將其意識完全消滅淨盡，而成爲一種寂滅狀態」。見《莊子哲學》，頁三二—三三。

不能自外於這種合一，但是莊子所謂的「天人合一」還有更高的意境值得深究。

三、天爲所產的自然

「所產的自然」乃相對於「能產的自然」而言。凡是無法自造自生之物，皆是「所產之物」，亦即由他物而得其存在。萬物皆爲所產之物，這是一個明顯的事實：「天下誘然皆生而不知其所以生，同焉皆得而不知其所以得」（駢拇）。「生」[26]與「得」表示其爲所產之物，「不知」則表示萬物連造生的過程亦無法測知，只能聽任命運的安排。

萬物的命運是與生俱來的，這種命運隨萬物的「物性」而各有不同。換句話說，「性」與「命」是一件事：「性不可易，命不可變」（天運）。莊子外篇與雜篇屢次以「性命」並稱，即在表示人或物所受於造化的本源者[27]。

造化的本源是「天」。萬物皆出於天，其性命亦得自於天，因此天可以用來代表「所產的自然」。譬如，萬物的存在期限稱爲「天年」：不僅人有天年，樹木亦有天年（人間世、山木），推而至於萬物皆

26 此地之「生」，實指「被生」而言。見馬敍倫，《莊子義證》，卷八，頁四—五。

27 關於「性」的五種意義及其在人生中的對應表現，見森三樹三郎，《「無」的思想》（東京，一九六九），頁九四—一一四。

各有其天年。又如，一切無法理解的事件也都可以推之於天，像人類天生的特異形體：「天也，非人也。天之生是使獨也（獨腳），人之貌有與也（人的形貌是有雙腳的）。以是知其天也，非人也」（養生主）。至於人類所遭遇的災難，更可以說是天之所爲：「若是而萬惡至者，皆天也，而非人也。」（庚桑楚），「殆乎，非我與吾子之罪，幾天與之也！」（徐無鬼篇）。這樣的天，無異於命：「然而至此極者，命也夫」（大宗師）[28]。

因此，以天爲「所產的自然」，等於以天爲命運。我們可以進一步了解莊子的命運觀。

第一，命運的範圍不僅包括生死，而且包括一切既成的事實。生死是命之大者，「死生，命也。其有夜旦之常，天也」（大宗師）。生死之必然有如黑夜白日一樣輪流出現，則是天定的。

儒家認爲「死生有命，富貴在天」，是以死生與富貴屬於天定的命運。莊子則更進一步，他說：

> 死生存亡，窮達貧富，賢不肖，毀譽，飢渴寒暑，是事之變、命之行也。（德充符）

於是人所見的自然現象（寒暑）、人自身的生理狀態（飢渴）、社會加諸人身的輿論（毀譽）、個人品德之

28　基於類似的理解，蔣錫昌認爲天道的特性之一即是「必然」。頁一二—一三。

優劣（賢不肖）等等事物的變化，也在死生富貴之外，統統屬於命運的範圍[29]。這樣的命運，無異於天羅地網，囊括了整個存在界：

> 天下有大戒二：其一，命也；其一，義也。子之愛親，命也，不可解於心；臣之事君，義也，無適而非君，無所逃於天地之間。（人間世）

於是，像人的天性（命）以及應然的社會規範（義）也都成爲無所逃避的大法網。這樣一來，一切都是被決定的命運，人的自由就大成問題了。莊子如何處理這個難題呢[30]？

第二，人在面對命運時首先要採取消極態度。莊子說：

> 知其不可奈何，而安之若命，德之至也；（人間世）
>
> 知不可奈何，而安之若命，唯有德者能之。（德充符）

29　莊子對人類命運的看法，詳見森三樹三郎，《性命觀》，頁八四起。

30　這個問題顯示筆者無法同意森三樹三郎以莊子爲徹底命定論者的觀點。見《「無」的思想》，頁五六。

這種消極態度並不容易，因爲它要求兩個條件：「知」其不可奈何與「安」之若命。許多人明明知其不可卻還要爲之，就是不能「安」之若命；孔子即是典型的例子[31]。因此在《莊子》全書屢次以孔子爲「天之戮民」，惋惜他「天刑之，安可解！」（德充符）。更多的人卻連命運之不可奈何也不「知」，爭逐名利得失、惶惶不可終日。這種人是處在「帝之懸」（天然的倒懸）的狀態中；若想「解」其倒懸，還是必須「知」與「安」（養生主）[32]。

莊子所謂的「知」並非天生所具，而是指一種理性的了悟。莊子自己承認當他的妻子剛剛去世時，「我獨何能無槩（慨）」，但是在想通死生的道理之後，就不再悲哀了：「自以爲不通乎命，故止（哭）也」（至樂）。他不但停止哭泣，甚至還鼓盆而歌——是不是莊子也想當「木鐸」，喚醒世人一道來洞察這個眞理呢？莊子固然主張自然無爲，但是這種自然無爲的先決條件則是理性之清明與了悟。道家或許反對知識，但是絕不反對理性；更明確的說，道家或許反對客觀化的知識，但是絕不反對「主體性的眞理」。這種主體性眞理是洞見人生實相所必備的。

我們形容「安之若命」爲消極態度，因爲它的成效是消極的：「安時而處順，則哀樂不能入」（養

31 見《論語・微子篇》。儘管如此，莊子對孔子的評價絕不是否定的。詳見山室三良，《儒教與老莊》（東京，一九六六），頁一四六—五七。

32 錢穆指出，「帝之懸」的狀態近似老子所說：「吾所以有大患者，爲吾有身」（十三章）。見《莊子纂箋》，頁二六。但是老子的解決辦法是「及吾無身，吾有何患」（同上）。這也是一種消極態度。

生主）。「哀樂不能入」表示人超脫了情感的影響，可以客觀冷靜地觀看人生。人生的眞相如何？「聖人之生也天行，其死也物化，靜與陰同德，動與陽同波」（刻意）。這樣的人生當然沒有喜怒哀樂的餘地，但是在莊子眼中，這種境界是「知天樂者」才能享受的（天道）。「天樂者，聖人之心，以畜天下也」（同上）。莊子毋寧是主張精神之樂的。於是，消極態度一變而爲積極態度。莊子似乎一貫地以消極爲積極之途徑，兩者相需相成。最明顯的一句話是：

乘物以遊心，託不得已以養中，至矣！（人間世）

「乘物」與「託不得已」是消極態度，「遊心」與「養中」則是積極態度。

第三，人在面對命運時，還要努力採取積極態度。所謂積極態度，就是肯定人還有自由運作的餘地，可以提升自己的精神境界。譬如：

受命於天，唯堯舜獨也正，在萬物之首；幸能正生，以正眾生。（德充符）

這句話就指出，堯舜（聖人之代表）一方面能夠自正性命，另一方面還能以正眾生。假使一切都是命定，無可改變的話，眾生也不可能被引入正途了。這裡顯示了莊子具備一種突破決定論的傾向：在自然界與物質界，一切都是被決定的；但是在人類的心靈界與精神界，仍然有自由抉擇的餘地。問題是，心靈界與精神界容易爲外界及本身的表相所迷惑而無法解脫。莊子提出的藥方很簡單，就是「虛」：

盡其所受乎天，而無見得，亦虛而已。（應帝王）

這種「虛」之所以涉及主動的、積極的精神主體，是因爲它要求人一方面「盡」其天定的命運（即性命），另一方面「無見於己之所得」。換句話說，這也就是「得其環中，以應無窮」的意思。表面上，空無一物，什麼都不執著；實際上，靈明內照，充滿無限生機。

莊子在提出「虛」的觀念後，接著形容它的效應：

至人之用心若鏡，不將不迎，應而不藏，故能勝物而不傷。（應帝王）

「用心若鏡」就是高度精神界的證明，否則不足以稱爲「至人」，至於「勝物而不傷」更是積極態度的目的——無爲而無不爲。這種目的雖然出自積極的態度，但最後還是回到莊子所衷心嚮往的「天人合一」：

致命盡情，天地樂而萬事銷亡，萬物復情，此之謂混冥。（天地）

人在積極地「致命盡情」之後，便能與天地同樂而不受萬事牽累。最後一切回復其眞實情狀，是爲混同玄冥[33]。這種「天人合一」顯然是一種精神境界。我們將在下一節討論「自然之原理」時，再深究達成這種境界的過程。

綜上所述，我們以天爲「所產的自然」，是就萬物的性命皆得自於天而言。性命落實爲決定性的命運，構成天網恢恢，籠罩整個存在界。但是莊子並未因而否定人的自由。相反的，人可以對命運採取消極的「安順」態度，超脫情感之累；更可以採取積極的「致盡」態度，享受天樂，與天合一。

四、天爲自然之原理

「原理」一詞，頗有抽象的意味。原理與事物的關係，就像形而上的道與形而下的器之關係一樣，只能在概念上分別掌握，不能在實際上分爲兩種東西。因此「自然之原理」並不是指在自然之外另有一個獨立自存的原理，像柏拉圖的理型界一般；而是指在自然之中，使自然成爲自然之根據。萬物之所以

33　參看馬敘倫，《莊子義證》，卷一二，頁一四。

成爲萬物，當然有其根據。這個根據可以從兩方面來了解。就一物能夠存在而言，它必須具備某種實質；在莊子看來，這種實質是「氣」，「通天下一氣耳」表示萬物的實質是相同的。就一物能夠成爲此物而非彼物而言，它必須具備某種形相，像樹之爲樹，石之爲石；樹與石即使都由氣化而成，但樹與石仍然不同。莊子非常清楚以上實質與形相之分，但是他的思想傾向卻是要混同這兩種根據：一物有一物的原理，但是萬物的原理是相通的，正如「道通爲一」。

因此，「自然之原理」兼指兩方面而言：第一、貫通萬物之實質與形相，亦即由實質之一(氣)來統攝形相之多(萬物)，使形相由紛雜而統一；然後形相之一與實質之一再由一個原理來貫通；這個原理即是「道」；莊子的「道」兼具「超越」與「內在」雙重性格，可以由以上的簡單說明來了解。第二、連接萬物之「實然」與「應然」；萬物實際上是如此與萬物理想上應如此，並不常是相符合的，像大自然的天災與人間世的人禍，雖然都是事實——事實即是自然，這是莊子的信念之一——但是並不表示它們是理想上的狀態。不然的話，莊子也不必一再呼籲要人與物順其自然——因爲它們現在的狀態雖是事實，但卻是「不自然的」自然。莊子哲學的理想主義色彩還是非常鮮明的。

爲了進一步說明以天爲「自然之原理」，我們預備討論三個概念：天理、道、造物者。

第一，「天理」一詞[34]表現出天的原理性質。這種原理偏重在肯定自然萬物「應然」的一面，亦即

34 錢穆主張，「天理」一詞最早見於《莊子》一書。《莊老通辨》(香港：新亞研究所，一九五七)，頁一八六。

自然萬物的正理。在「庖丁解牛」這篇寓言裡，庖丁能夠超越技術的層次而進入「道」的化境，就是因爲他「依乎天理，因其固然」（養生主）。「固然」是指眼前這頭牛的實際狀態，「天理」則指牛之所以爲牛的道理。萬物皆各有天理與固然，天理與固然可能相合但不必一定相合。那麼我們應該如何掌握天理呢？莊子說：

去知與故，循天之理。（刻意）

純素之道，唯神是守；守而勿失，與神爲一；一之精通，合於天倫。（同上）

在消極方面，要「拋棄智巧及僞詐」（去知與故）[35]，在積極方面，要「憑藉精神的純一之力」[36]，然後就可以循天之理而合於天倫（天理）。以上與天理有關的三個動詞，「依」「循」「合」，告訴我們兩點消息：一、天理不是毫不費力就可以掌握的，它要求人發揮高度的精神作用；二、天理好似客觀存在之物，可以讓人依循及符合。

〈齊物論〉主張消除是非之爭，以便洞見萬物之本然狀態；主要的方法是：

35　參看蔣錫昌，頁一七—一九。

36　卡登瑪即以這雙重作法爲一種神秘的淨化過程。他說：「修行者淨化了內在自我，滌除污染，潔如明鏡，重獲天生純質與精一，終能親體道之本身，合爲一物。」見卡登瑪，頁九二。

> 是以聖人不由，而照之於天。（齊物論）

這個「天」即是自然之原理，否則聖人如何得而「照」（觀照）之呢？聖人是精神境界極高的人（與天人、神人、眞人並列——見〈天下〉），他對「自然之原理」的掌握其實正是他之所以成爲聖人的重要原因：

> 天地有大美而不言，四時有明法而不議，萬物有成理而不說。聖人者，原天地之美而達萬物之理。（知北遊）

這裡所謂的大美、明法與成理，都是形容「自然之原理」，而不僅是指表面所見的自然現象[37]。

第二，有些人主張，莊子與老子在使用名詞上的顯著不同，是莊子以「天」字代替「道」[38]。但是從本文前面對莊子「天」的觀念分析看來，天的涵意相當複雜，與老子的「道」並非完全相同，而且《莊子》全書中類似老子原意的「道」字也屢見不鮮，因此我們認爲，就《莊子》一書看來，天與道不

37 天地之原理來自「道」，因此與其他原理相通。見王叔岷，《莊學管窺》，頁二〇〇。

38 徐復觀，頁三六六。

同而有關。更明白的說，就天之做爲「自然之原理」這一意義來看，天與道才特別相通。

「道」是自然之原理，也是萬物的法則。這種法則是萬物所遵循的（道行之而成），但是絲毫不落形跡（已而不知其然謂之道——〈齊物論〉）；無法讓人捉摸（道不可有，有不可無），甚至連道之名稱也是假借的（道之爲名，所假而行——〈則陽〉）。這樣的道與老子的道非常相似，本文第二節所錄〈大宗師〉的一段話可爲明證。

莊子無疑肯定「道」在造生萬物方面的角色；像

生天生地。（大宗師）

形非道不生。（天地）

道與之貌，天與之形。（德充符）

但是這一類的語句非常少見，而且沒有詳細說明。莊子所重視的毋寧是道的功用。

「道」由於「覆載萬物」（天地）而使萬物「道通爲一」（齊物論）。「道通爲一」有兩大效果：第一，在萬物方面，「道無乎不在」（知北遊、天下），這種無所不在的道，固然可以說是萬物之所以成爲萬物之原理，也可以說是萬物的共同原質的代稱（即等於氣）[39]。第二，在人方面，則可以透過道來「一以貫之」整個存在界，像「以道泛觀，而萬物之應備」（天地）；人不僅看出萬物之「一」，還看出萬物之「齊平」；「以道觀之，物無貴賤」（秋水），更進而可以由道而「通於天」（天地），因爲「知道者，必達於理」（秋水）。這樣的道，的確可以說是入聖之「門」了：「以道爲門，兆於變化，謂之聖人」（天下）。莊子曾有二處形容精神境界在聞道之後的步步提升：

> 三日而後能外天下；已外天下矣，吾又守之，七日而後能外物；已外物矣，吾又守之，九日而後能外生；已外生矣，而後能朝徹[40]，而後能見獨[41]；見獨，而後能無古今；無古今而後能入於不死不生。（大宗師）

> 一年而野，二年而從，三年而通，四年而物，五年而來，六年而鬼入，七年而天成，八年而不知死、不知生，九年而大妙。[42]（寓言）

39 參看大濱皓，頁一一三—一一七。

40 「朝徹」指啓蒙生悟。郭象、成玄英等皆主此解，見錢穆，《莊子纂箋》，頁五三。

41 「見獨」指直視萬物爲一。王先謙主此說，見錢穆，《莊子纂箋》，頁五三。

42 這九個階段與前述七個階段大體相似。其中「四年而物」之「物」係指「我改變了」；見于省吾，《莊子新證》（一九三七），卷二，頁九。

以上這兩段話提示我們三點：一、人必須持守道（自然之原理），亦即必須持守自己的精神（人之原理），因爲「精神生於道」（知北遊）[43]；二、精神之清明（朝徹）與解悟（見解），在持守之後可以達成，因爲「唯道集虛，虛者心齋也」（人間世）[44]；虛即是忘[45]，可以無古今，不死生[46]；三、忘之後並非隨以空寂，而是入於「大妙」之境，大妙就是「妙道之行」（齊物論）[47]，亦即莊子一再強調的逍遙之「遊」。與道同遊是莊子的理想，但是由於道之過於抽象，如自然之原理，於是莊子借用一個擬人化的名詞來形容道，那就是「造物者」。

第三，莊子以造物者爲「道」之代稱[48]，固然表示了道在造生萬物方面的角色，譬如「大宗師」所載四位以「死生存亡爲一體」的朋友（正合〈天下〉所述莊子之「下與外死生無終始者爲友」），就用各種有

43 大濱皓認爲，精神的層次要比「心」更高，因爲它直接生於「道」，而「心」有時須加齋戒。《莊子的哲學》，頁三〇一—三。至於精神與心之間的細緻關係，見錢穆，《莊老通辨》，頁一八一—九七。

44 卡登瑪說：「因此我們必須虛『心』以待道之來臨；換言之，靈魂經過刻苦修行得以淨化之後，才能登入聖界。」卡氏，頁八七。

45 錢穆以「忘」爲區分莊老關鍵之一。見《莊老通辨》，頁二六三—六四。

46 這是解脱，而非寂滅。由此可以導致人的自我之自由自在。見安岡正篤，《老莊思想》（東京，一九四六），頁一〇〇—二一。

47 方東美，頁一八五—八七。

48 蔣錫昌，頁六；王叔岷，《莊學管窺》，頁一八九。

趣的比喻來描述造物者如何運作於人世；但是莊子更常以造物者爲同遊的伙伴，則顯示「道」所無法表現的一些特色。

莊子之「遊」的目的是想突破空間局限[49]，像「以遊無窮」（逍遙遊），「遊乎四海之外」（齊物論），「入無窮之門，遊無窮之野」（在宥），「乘彼白雲，至於帝鄉」（天地），「以遊逍遙之墟」（天運）；同時也想突破時間的局限，像「浮遊乎萬物之祖」（山木），「遊於物之所不得遯而皆存」（大宗師）。但是「遊」這個字本身就有明顯的突破空間的含意，而不足以表達突破時間的含意。莊子使用造物者一詞，是否借重它在突破時間的拘限方面的指意呢？

至少我們可以肯定，莊子的目標是要時空皆化的[50]。譬如，「至人者，歸精神乎無始，而甘瞑乎無何有之鄉」（列禦寇），「無始」指時間，「無何有之鄉」指空間；又如，「上與造物者遊，下與外死生無終始者爲友」（天下），「無終始」也是特別針對時間而發的。

造物者自然在時間上無所拘束，像「道」一樣「自古以固存」，「先天地生而不爲久，長於上古而不爲老」（大宗師）。造物者除了不受時空拘限以外，還有更重要的性格，值得讓人與之同遊。我們以「遊」爲線索，找到三段形容「道」的文字：

49　王叔岷，同上，頁一八三—八四。

50　有關自由與時空變化之間的關係，見大濱皓，頁八四—一〇〇。

吾師乎！吾師乎！韲萬物而不爲戾，澤及萬世而不爲仁，長於上古而不爲老，覆載天地刻雕眾形而不爲巧。此所遊已。（大宗師）（〈天道〉同此，唯最後一句爲「此之爲天樂」。）

明王之始：功蓋天下而似不自己，化貸萬物而民弗恃；有莫舉名，使物自喜；立乎不測，而遊於無有者。（應帝王）

這三段話可以順理成章用來形容造物者。能以這樣的造物者爲師，正是以道爲師，人生境界必然向上提升[51]。莊子以「天樂」「天遊」（外物）來形容這種境界，一方面表示了以天爲「自然之原理」的觀點，另一方面則解釋了以這一原理對應於人的精神主體而強爲之名「造物者」的理由。

獨遊與獨樂，自然不如有人同遊與同樂。可惜，莊子在人間不易找到道行相似的朋友。他像在感嘆：「人其盡死，而我獨存乎！」（在宥）[52]又像在孤芳自賞：「獨往獨來，是謂獨有；獨有之人，是謂至貴」（同上）。於是莊子把「道」擬人化爲造物者，又名其爲「天地精神」[53]，他要「獨與天地精神往

51 王叔岷，《莊學管窺》，頁一八八—九二。

52 這段話係指人的眞我與精神成就而言。見錢穆，《莊子纂箋》，頁八四。

53 蔣錫昌，頁二六一。熊十力批評莊子哲學爲唯心論的一種，而且莊子所謂的「天地精神」即是僞裝的天帝。見《乾坤衍》（香港：中文大學圖書館，一九六一），頁二五。由本文所論看來，熊氏此種批評並無根據。

來而不敖倪於萬物，不譴是非以與世俗處」（天下）。這種「寄出世於入世」的和諧態度[54]，不僅是道家的一貫精神，也是中國知識份子在修身處世方面一個理想的楷模。

54 王夫之認爲，莊子自視爲不離於宗之天人，而內聖外王之道即是他自己思想的寫照。此說引於馬敘倫，《莊子義證》，頁二二。我們不難看出，莊子立說的目的是闡發宇宙萬物的和諧狀態以及達成此種狀態的方法。

結語

如上所述，老子以「道」取代了傳統的「天」概念。老子的「道」是原初的實在界，萬物由之而生。在這個意義上，道可以被描述為造生者。做為造生者的道，正是中國人所理解的「超越界」，只是它恆處於一種「生」萬物的過程中。道自始至終遍在萬有。「德」是道的發用，亦即道在萬物中的體現。因此，道的內在性也可以得到充分肯定。由於這種內在性，道可以被恰當理解為載行者。道的這兩種性格可以溯源於或轉化自傳統的天概念。道的革命性一面是它並未繼承天所原有的啓示者與審判者這兩種性格。

我們說「道」沒有具備啓示者與審判者的角色，並不表示「道」與人之道或人的應行之道毫不相干。事實上，「道」的原意即指所行的途徑，就是人類為了生存而必須依循的法則。但是，這項法則的內容則完全有賴於聖人才能理解。因此對聖人而言，道扮演啓示者的角色。我們在儒家的《易傳》與

《中庸》二書，也發現類似的聖人地位，只是「老子」的脈絡與動機大異其趣。老子與儒家相左之處，在於他的「道」的判斷超越了一切以人爲中心的價値，像善、眞與美。它教我們超脫束縛，努力由道的角度來觀看萬物。我們必須從這個脈絡來認識道家的天概念。天指稱自然界，其法則是「道之顯示自身」的最佳例子，甚至在許多情況下是唯一例子。自然之天也顯示雙重性格：自發與必然。自發性是指天之無爲，一任萬物之自然。必然性是指天的法則之確定不移與無所改易。了解並依循天的這雙重性格的人，即是聖人。我們由此明白爲何老子極力強調智慧與洞見。

莊子接受老子的道概念，進而重新型塑天概念。如前所述，老子以天爲自然之天。莊子繼續這種說法，在四方面推廣了天概念；亦即分別以天爲：一、自然之總稱，二、能產的自然，三、所產的自然，四、自然之原理。詳細說來，首先，「自然之總稱」突破了一般的時間與空間的觀念，展示了一個無限的宇宙。從無限的宇宙看來，一切相對的判斷、論證與評價都可以棄置勿論。其次，「能產的自然」顯示天是萬物的本源，同時天與萬物的共同底基也毫無差別。由於共同底基是「氣」，一切變化都是自發的，並且局限於表象的層次。但是，這種氣的一元論並不排除精神自由之可能性；而精神自由正是莊子哲學的主旨。萬物各有其命運，人類亦不例外。人在應付這種命運時，可以取消極的或積極的態度。其目的不外乎使眞正自我得到解脫。這種解脫包括以下步驟：安時處順、心齋坐忘、見獨朝徹與冥合大化。解脫的境界與「自然之原理」密切相關。原理之天統合了整個存在界，讓人藉以引發精神的升進。它展現了道的大能，以及道與人的互動關係。莊子的道概念在帶領人走上精神自由方面，毋寧是較爲主動的。莊子喜用的「造物者」正是道的別名，也是「原理之天」的別名；它暗示我們「逍遙遊」是一樁精神事件，並且萬物在本質上是同一的，因爲造物者成爲人的友伴，亦即造物者與受造物之間的藩籬被挪開化除了。我們在結論中，將進一步討論老子與莊子的天概念以及它對人的意義。

結論

新近的甲骨文研究已經證實了商民族的許多祭典。這些祭典反映了一項事實，商民族的宗教氣息非常濃厚。他們的宗教意識以三類神明爲對象，就是：帝或上帝，自然神與祖先。祖先崇拜在商朝的政治與宗教兩方面都占有主導地位，但是扮演至高主宰並做爲世間權力的終極本源者，仍然是帝。各種追溯帝概念起源的嘗試都得不到確證，但是帝的角色與功能卻在甲骨文中明顯可辨。做爲至高主宰，帝是掌管自然世界與人類世界的「統治者」。甲骨文中的貞卜文字清楚告訴我們：商民族所信仰的帝主要是「啓示者」與「審判者」。帝的啓示與審判直接關係著君王與人民的吉凶禍福。我們可以稱呼這個時代爲神權時代。商朝被周朝取代之後，神權政體逐漸轉化爲德治政體。周民族視帝與天可以互換使用，但其重點顯然置於「天」上。對於天概念起源的蠡測，也同樣無法得到確證。但是，我們發現，天之突起引發了一種人文主義的覺醒，隨後又在政治方面展現一種德治理想。我們在討論周代典籍《詩經》與《書經》時，特別提及以上這兩點。

天與帝可以互換使用，因此亦具備啓示者與審判者雙重角色。除此之外，天還顯示「造生者」與「載行者」的性格。做爲造生者，天是萬物的本源。天在生人時，亦賦給人道德本性，但其本質未曾得到明確界說。人的道德本性是難以護持到底的；周人只是接受這個既成事實。由於這種困難，天的載行者性格得以大顯。這即是說，天委任君王代行天職，做爲人民的父母與教師。君王受天所命（神權），但其受命條件爲卓越的道德（德治）。政治於是成爲一套道德教育的體制。君王在這方面若是合格，就可以繼續保存天命。「皇極」或「大中」的象徵意符爲君王標舉了理想的境界，亦即君王應該體現絕對正義。天命之說成為周朝歷代君王的珍貴寶典。天命總是與人民的集體意願相應而行。天與人民於是成為君王的雙重檢訂標準。君王不可無「德」；德之原意為「馨香之氣」，可以上升於天，聯繫人與天。天命本身有常，因為它總是賞善罰惡；但是在君王看來，天命卻是無常的，因為它不能一勞永逸地獲得。隨著周朝的衰亡，這一理想也大為減色。君王縱使無德，依然高居王位，人民竟至無處訴求正義。天乃降格為無法逆料的命運或蒼蒼之天。天概念的沒落，引起了「哲學突破」，要設法重新界定人的終極關懷。在「哲學突破」的過程中，各派思想提出自身對天概念的詮釋，並且使用一系列新概念來闡明人的本性。

隨著西周王室的沒落，春秋時代的天概念喪失了原初的尊榮地位，轉而被拿來做為實際事件的「藉口」。毋怪乎這個時代充斥著迷信心態，並且還有命定論與懷疑論同時存在。「神」與「禮」在某一重要程度上分別體現了審判之天與載行之天。但是「天」並未就此消失，轉而被人賦予新的理解。天概念到了必須轉化的時機了。這個轉化過程以極其不同的方式清楚表現於儒家與道家的學說體系中。

我們可以找到許多理由來說明原始儒家何以在「哲學突破」的過程中獲得成功。孔子本人深通禮教，並且似乎與天有著深度的個人體驗。孔子的天是個有靈的主宰，並且賦予他重大使命，就是復振古代中國的文化理念。孔子執行這個使命的作法是引進一個新的理念「仁」，這個理念來自他對人性的原始理解。人人天生都有相同本性，人之道必須由這種本性來指明。人有潛能來滿全他的本性，亦即成「仁」。凡是決心追隨人之道者，就步入了君子階層，亦即以仁為唯一的道。他甚至願意為仁而犧牲。

自孔子以來，相信「無上要求」，實已成爲儒家的標記。這種無上要求帶來雙重責任：對內，人必須修德至一完美程度；對外，人必須努力幫助別人滿全他們的本性。孔子本人就是表現這一信念的最好例子。他的主要關懷是修德，他的個人志願是爲了別人的福利，亦即幫助天下人獲享幸福。所謂「內聖外王」之說，雖然首先出現於《莊子》一書，卻適於用來描述孔子的理想。

至於「無上要求」的來源問題，在《論語》一書沒有明確答案。但是許多語句都暗示是「天」把這種要求加在人身上。天的啓示者與審判者角色並非孔子公開宣示的學說，而是他的個人信念。在討論人性以及天人關係的問題時，孟子繼續闡明新的文化理念「仁」的含意。孟子的立說要旨在於聯結人性與天。天生人，但並未就此離開人。人性之中即有得自於天的代表，就是人心。人心兼有評價與訓令雙重作用，因此普遍地帶給人一種無上要求。人心是天的縮型，反映天生的善性。對人而言，做人即是做好人。事實(所是)與價值(應是)之間的區別被一勞永逸地排除了，因爲萬物的存在只有一個大本源。回歸人的自我，無異於尋求天的旨意。在孟子看來，存心與養性，即是事天。這種導向超越界的途徑，可以稱爲內在的超越之道，亦即經由人的內在自我抵達一個極樂的境界，與萬物合而爲一。我們發現，天的傳統性格，像統治者、造生者、載行者、啓示者與審判者，都在孟子思想中表現相當程度的影響。我們也看到孟子如何將天的這些性格轉化爲支持他的信念：人皆可以爲堯舜，以及人皆應該實現這一潛能。

荀子的確有過類似觀念，並且肯定人皆可以爲禹。但是他強調的是：人無法靠自己的力量實現這一潛能。人在改過遷善之前，必須等待聖人或君子來建立禮與法。在孟子看來，縱使沒有文王的榜樣，人也可以提升自己完成偉大的品德。但是在荀子看來，這只是一廂情願而已。人必須學習，才能分辨是非善惡。人必須追隨聖人的榜樣，才能轉化他的本性。天，除了讓聖人取法以外，不再在人類世界扮演主動角色。那麼，究竟聖人是如何成就爲聖人的？君子又是如何成就爲君子的？這一類問題在《荀子》書中並無明白答案，我們只能感受到：智慧在荀子心中扮演極其重要的角色。這或許反映了荀子得自道家的影響。然而，我們在《荀子》書中也能看到：人應該爲了某些更高理想而犧牲生命。因此，問題變得益發有趣：這種指示絕對命令的「無上要求」究竟是哪裡來的？我們找不到確定答案，因爲傳統的超越界「天」已經被降格爲自然界了。人獨自存在於世界上：對內，他發現不完美又不可愛的本性；對外，他發現聖人所製作的禮儀規範，但是聖人的身分與條件又是一件遙不可及的隱晦事件。荀子被人評以帶有功利主義傾向，並非毫無根據的事。由此也不難了解何以荀子哲學被當做法家的主要來源之一。

依我之見，荀子的敗筆在於未能闡明人的一本。他區別天人，想要肯定人的自主與自由，但是結果並不理想：天飄然遠引，聖人卻變成新的主子。由於聖人並不常住人世，他的製作，如禮儀法度，乃成爲人的典範。人被迫向外尋找訓令，以求成全自我；要向外在世界尋找如何提升自我的途徑。人之道在於學習與修身，天之道則只對聖人才有意義。

然而，天道與人道的關係在《易傳》與《中庸》二書再度成爲主要關懷。在《易傳》中聖人扮演主導的角色，一如在《荀子》一書。天道首先是對聖人產生意義的。聖人的條件非常明確：完美的智慧、高尚的品德與偉大的能力。聖人做爲楷模，並非一般百姓直接可以效法的。在這一點上，《易傳》走在儒家傳統上，強調君子的角色。君子在成聖之途上邁進，他的指示直接得自天之道。小人自我革新，要想追隨君子；但是這一行動的理由卻不明確。一方面，它似乎是出自吉凶的顧慮所採取的行動；另一方面，「無上命令」也可以找到幾個例子。這個問題不易解決，因爲《易傳》不曾詳細討論人性的本質。它的貢獻毋寧在於闡明天道與人道之符應關係以及人類必須依循天道才能繼續存在與善化自我。它的另一重要特色是充分描寫宇宙爲一充滿創化力量的機體。然而，如何聯結天的創化力量與人的道德指令這個問題，仍須等待《中庸》一書來嘗試解決。

《中庸》往前推進一步，試圖聯結天道與人道。其中的關鍵概念是「誠」。誠是忠於自身。做爲自然界，天充滿創化力量，世界因而處在生生不息的狀態中。做爲存在物之一，人悠游生息於世界中。但是人性的品質卻與萬物有別。做人必須日進其德：存在即是創造價值，使自己抵於完美之境。這些指令並非得自外在之物，因爲《中庸》說：「誠之者，人之道。」只要人忠於自己，就能體證內在要求：「擇善而固執之。」孟子與荀子的衝突似乎得到了妥協：一方面，天是唯一大本，因爲「天命之謂性」；另一方面，修身的必要性也受到強調，因爲，《中庸》本身即是古代聖人的典範。

因此，「天人合德」成爲可能實現的理想。誠者必能盡性。此任務看似極其容易，而其結果又令人驚羨：人之性與物之性都將一一得到滿全。人有可能成爲天地的共同造生者與共同載行者。原始儒家的集成端在於此。

我們一旦轉向道家，立刻就面臨一個大不相同的世界。首先，我們由一個以人爲中心的世界解放出來。天不再扮演啓示者與審判者，因爲這樣的天是人的道德訓令之大本，而道德訓令正是道家所要超越的。其次，天的造生者與載行者角色一併被「道」所取代。道的超越性與內在性，在我看來，其實分別取自傳統以天爲造生者與載行者的信仰。天成爲道的眾多體現之一，但它是首要的體現。人之道就在於依循天之道。由道的觀點看來，人性並不是值得認眞思慮的問題。不管人性是什麼，人的唯一態度即是接受它。「接受」是指滿意於人的「所是」，不必掛念他的「應是」。然而，吊詭的是，爲了滿意於人的「所是」，一個人必須先知道什麼是他的「應是」。就在這個意義上，道家顯示一種理想主義的色彩，我們由此認爲道家爲當時的中國也提出了他們所肯定的文化理念。

我們肯定道家提出了另一種型態的文化理念，無異於承認道家也標舉了人之道（雖然其進路與脈絡與儒家不同）。道遍在萬有；人亦不例外，沒有價值區分是必要的，沒有道德修養是必須的。人唯一該做的是理解「道」，並且享受他的「自然」。在老子看來，人的「應是」其實正是他的「所是」。這個說法雖然類似儒家之見，但卻得自道的觀點，並且使人不必再憂心掛念如何善化自我。由於道遍在萬物，人不應再設定任何目標去追求；人與萬物合一的最高理想不再只是一個理想，而是一個客觀事實。問題只在於人並未看出這個簡單的事實。因此，在老子看來，假使有所謂道德的話，那就是「智慧」；由道的觀點來觀看萬物。智慧之起，由於人知道自我是整全宇宙中的一個部分。聖人的卓越之處就在智慧，使他由此洞見萬物的自發性與必然性。我們以自然主義指稱老子哲學時，必須切記它帶有一種主知主義的色彩。

在「道」以外，並無所謂的「人之道」存在。「一本」之說得到強調，但是因而犧牲了人的道德要求。然而，把老子當做「反道德主義者」，卻是一項嚴重的誤解。比較恰當的名稱，或許是「超道德主義者」。老子立說的目的在於使人解脫：回歸人的原始的與理想的狀態。這種超脫解放的主題在莊子得到進一步的推展。

莊子接受老子的道概念，進而以此重新型塑天的意義，同時推演出天人之間的密切關係。莊子的天概念具有四重意義；這是一位道家代表對於當時兩大學派——儒家與道家——所作的綜合成果。其中最富啓發性的一點是「天理」一詞的出現。「理」字指稱原理、理性、法則、規範等。人的理性與「天理」相應，具有獨特地位。人的理性作用，並非爲了思辨之知或評價判斷，而是爲了啓明覺悟。啓明得自忘我，忘我得自心齋。莊子的「心」概念具有多種意義；其中一義之「心齋」正是「明心」，或者「恢復心的明鏡本性」。明鏡之心所反映的正是天理。

在領悟天理時，人心轉化爲新的狀態或抵達新的境界，可以稱爲「精神」。精神生於道，但它原本就內在於人性，只是等待啓明的機會。我們由此了解爲何莊子以道爲天理，或者更具體地，以道爲「天地精神」。就莊子推尊精神爲天與人的最可貴本質來看，他是一位精神主義者。令人驚訝的是，這種精神主義居然由一種氣的一元論衍生而成，在一元論的體系裡，精神與氣如何協調並存呢？這個問題似乎與莊子不相干，因爲他在提出「精神」時，所著眼的層次是與我們一般所謂的存在不同的。逍遙遊主要是指人在擺脫內外拘限時所取的態度。這種態度是精神得以展現之必要條件。精神並非獨立實體，而是人心的一種狀態。不僅如此，精神還是人心的「應是」。為了說明這一點，我想，「造物者」一詞值得重視。

造物者意指萬物的本源；這是中國人共同接受的觀念。為了與萬物合一，難道還有比直溯萬物本源更妥當、更可靠的辦法嗎？當然沒有。莊子引進「造物者」一詞，是為了保證：與萬物合一是可能達成的理想，並且達成的途徑不是抽象的夢幻。對天人合一所作最生動的描述莫過於「上與造物者遊」這句話了。但是為了上與造物者遊，人首先必須呈現己心為精神。這個條件使我們明白：即使由莊子的觀點看來，光是做一個自然人也是不夠的。人應該向上企求一個更高尚、更理想的境界。做人就是要做一個理想的人，不管這個「理想的人」究竟何意。儒家為這個理想的人加上道德的色彩，道家則為他加上審美的色彩；但是無論如何，他從未與天截然分離。這個看法總結了我們對儒道兩家的天概念的討論。

參考書目

中文

于省吾，《甲骨文字釋林》。北平：中華，一九七九。
——，《老子新證》。一九三九。
——，《莊子新證》。一九三七。
方東美，《中國哲學之精神及其發展》（上冊）（孫智燊譯）。台北：成均，一九八四。
——，《生生之德》。台北：黎明，一九七九。
——，《原始儒家與道家》。台北：黎明，一九八三。
王夫之，《讀四書大全說》。北平：中華，一九七五。
王先謙，《荀子集解》。台北：世界，一九六七。

王治心，《中國宗教思想史大綱》。台北：中華，一九六〇。
王叔岷，《莊子校釋》。台北：台聯國風，一九七二。
——，《莊學管窺》。台北：藝文，一九七八。
王國維，《觀堂集林》。台北：世界，一九六一。
王夢鷗，《禮記今註今譯》。台北：商務，一九七〇。
毛子水，《論語今註今譯》。台北：商務，一九七九。
孔穎達，《周易正義》。
五來欣造，《儒教政治哲學》（胡樸安、鄭嘯崖譯）。上海：商務，一九三四。
白川靜，《詩經研究》（杜正勝譯）。台北：幼獅，一九七三。
史次耘，《孟子今註今譯》。台北：商務，一九七九。
皮錫瑞，《經學歷史》（周予同註解）。上海：商務，一九三四。
印　順，《中國古代民族神話與文化之研究》。台北：華岡，一九七五。
朱　熹，《四書集註》。台北：廣文，一九六三。
——，《周易本義》。《四庫全書珍本六集》，第一號；台北：商務。
朱東潤，《詩三百篇探故》。上海：古籍，一九八一。
阮　元，《十三經注疏》。台北：藝文，一九六五。

余英時，《中國知識階層史論》。台北：聯經，一九八〇。
———，《史學與傳統》。台北：時報，一九八二。
———，《從價值系統看中國文化的現代意義》。台北：時報，一九八四。
汪　中，《述學》。台北：廣文，一九七〇。
汪寧生，〈八卦起源〉，《考古》，一九七六，第四期。
杜而未，《中國古代宗教研究》。台北：學生，一九七六。
李　杜，《中西哲學思想中的天道與上帝》。台北：聯經，一九七八。
李孝定，《甲骨文字集釋》。台北：中央研究院，一九六五。
李漢三，《先秦兩漢陰陽與五行學說》。台北：鐘鼎，一九六七。
李滌生，《荀子集釋》。台北：學生，一九七九。
李鏡池，《周易探源》。北平：中華，一九七八。
金景芳，〈西周在哲學上的兩大貢獻〉，《哲學研究》，一九七六，第六期。
屈萬里，《尚書集釋》。台北：中華文化，一九五六。聯經全集本，改名《尚書集釋》，一九八三。
———，《詩經詮釋》。台北：中華文化，一九六〇。聯經全集本，改名《詩經詮釋》，一九八三。
———，《書傭論學集》。台北：開明，一九六九。聯經全集本，一九八四。
吳　怡，《中庸誠的哲學》。台北：東大，一九七六。

侯外盧，《中國思想通史》。北平：人民，一九五七。
胡　適，《中國古代哲學史》。上海：商務，一九一九。
胡志奎，《論語辯證》。台北：聯經，一九七八。
胡厚宣，《甲骨學商史論叢》。濟南：齊魯大學，一九四四。
——，〈釋余一人〉，《歷史研究》，一九五七，第一期。
——，〈殷卜辭中的上帝和王帝〉，《歷史研究》，一九五九，第九、十期。
洪　業，《洪業論學集》。北平：中華，一九八一。
南懷瑾，《周易今註今譯》（與徐芹庭合著）。台北：商務，一九七一。
韋　昭，《國語韋氏解》。台北：世界，一九六二。
唐君毅，《中國哲學原論——原性篇》。香港：人生，一九六六。
孫作雲，〈詩經年代〉，《文史哲》，一九五七，第八期。
島　一，〈孔孟和荀子在天人論方面的異同〉（魏常海譯），《中國哲學史研究》，一九八三，第一期。
島邦男，《殷墟卜辭研究》（溫天河、李壽林合譯）。台北：鼎文，一九七五。
陝西周原考古隊，〈陝西岐山鳳雛村發現周初甲骨文〉，《文物》，一九七九，第十期。
——，《馬王堆漢墓帛書老子》。北平：文物，一九七六。
馬敘倫，《老子校詁》。香港：太平，一九六五。

——，《莊子義證》。上海：商務，一九三〇。
馬伯樂（Henri Maspero），《書經中的神話》，馮沅君譯。北平：商務，一九三九。
高　亨，《周易大傳今註》。山東：齊魯大學，一九七九。
——，《周易古經今註》。北平：中華，一九五七。
——，〈試探馬王堆漢墓中的帛書老子〉（與池曦朝合著），《馬王堆漢墓帛書老子》。北平：文物，一九七六。
徐復觀，《中國人性論史》。台北：商務，一九七七。
徐錫台，〈西周卦畫試說〉，《中國哲學》，第三卷，一九八〇。
陳夢家，《尚書通論》。上海：商務，一九五七。
——，《殷墟卜辭綜述》。北平：科學，一九五六。
許　慎，《說文解字注》（段玉裁注）。台北：藝文，一九六四。
黃彰健，〈孟子性論之研究〉，《歷史語言研究所集刊》，第二十六期，一九五五。
郭沫若，《先秦天道觀之進展》。上海：商務，一九三六。
——，《兩周金文辭大系圖錄》。北平：科學，一九五八。
——，《周易構成時代》。上海：商務，一九四〇。
——，〈侯馬盟書試探〉，《文物》一九六六，第二期。

梁啓超，《中國學術思想變遷之大勢》。台北：幼獅，一九六三。
崔東壁，《洙泗考信餘錄》。收於《畿輔叢書》。
張西堂，《尚書引論》。陝西：人民，一九五八。
張松如，《老子校讀》。吉林：人民，一九八一。
張岱年，〈論易大傳的著作年代與哲學思想〉，《中國哲學》，第一卷，一九七九。
張政烺，〈春秋事語解題〉，《文物》，一九七九，第一期。
——，〈試釋周初青銅器銘文中的易卦〉，《考古學報》，一九八〇，第四期。
張秉權，〈殷代的祭祀與巫術〉，《歷史語言研究所集刊》，第四十九卷，第三期，一九七八。
程石泉，《易學新探》。台北：文行，一九七九。
焦　循，《孟子正義》。上海：中華，四部備要。
傅斯年，《性命古訓辨正》，《傅斯年全集》。台北：聯經，一九八〇。
馮友蘭，《中國哲學史》。上海：商務，一九四六。
勞思光，《中國哲學史》。香港：中文大學，一九六八。
童書業，《春秋古傳研究》。上海：人民，一九八〇。
項退結，〈荀子在中國哲學史中的關鍵地位及其現代意義〉，《哲學與文化》，第九卷，第十期，一九八二。

董作賓，〈中國古代文化的認識〉，《先秦史研究論集》。台北：大陸雜誌，一九六〇。
——，《董作賓學術論集》。台北：世界，一九六二。
楊向逵，《中國古代社會古代思想研究》。上海：人民，一九六二。
楊伯峻，《春秋左傳註》。北平：中華，一九八一。
——，《論語譯註》。北平：中華，一九六二。
楊榮國，《中國古代思想史》。北平：人民，一九七三。
鄔昆如，《莊子與古代希臘哲學中的道》。台北：中華，一九七二。
熊十力，《乾坤衍》。香港：香港大學圖書館，一九六一。
——，《讀經示要》。台北：廣文，一九六〇。
熊公哲，《荀子今註今譯》。台北：商務，一九七五。
——，〈孟子仁義與荀子禮義其辨如何〉。《孔孟學報》，第十六期，一九六八。
蔡元培，《中國倫理學史》。上海：商務，一九一〇。
歐陽修，《易童子問》，《廬陵歐陽文忠公全集》，第七十六卷。
黎正甫，〈古文字上之天帝象義溯源〉，《大陸雜誌》，第三十一卷，第二期，一九六五。
劉百閔，〈周易繫辭傳認識論的考察〉，《東方研究學報》，第二卷，第二期，一九五五。
蔣錫昌，《老子校詁》。上海：商務，一九三七。

——，《莊子哲學》。上海：商務，一九三五。
錢　穆，《中國人之宗教社會及人生觀》。台北：自由中國，一九四九。
——，《中國學術思想史論叢》，第一、二卷。台北：東大，一九七六、七七。聯經全集本甲編，一九九四。
——，《莊子纂箋》。香港：東南，一九五一。聯經全集本甲編，一九九四。
——，《莊老通辨》。香港，新亞研究所，一九五七。聯經全集本甲編，一九九四。
錢大昕，《十駕齋養新錄》。台北：世界，一九六三。
錢基博，《周易解題及其讀法》。台北：商務，一九六七。
錢鍾書，《管錐篇》，第一、二卷。北平：中華，一九七九。
衛聚賢，《中國古史中的上帝觀》。香港：中國基督徒文學協會，一九七一。
戴君仁，《談易》。台北：開明，一九六〇。
蕭公權，《中國政治思想史》。台北：聯經，一九八三。
關　鋒，《春秋哲學史論集》（與林聿時合著）。北平：人民，一九六三。
——，《莊子內篇譯解和批判》。北平：中華，一九六一。
羅　光，《中國哲學思想史》，第一卷。台北：先知，一九七五。
龐　朴，〈思孟五行新考〉，《文物》，一九七九，第十二期。

顧頡剛，《古史辨》，第三卷。香港：太平，一九六三。
顧理雅(H. G. Creel)，〈釋天〉，《燕京學報》，第十八卷，一九三五。

日文

上野直明，《中國古代思想史論》。東京：一九八〇。
山室三良，《儒教與老莊》。東京：明德社，一九六六。
小島佑馬，《古代中國研究》。東京：筑摩書房，一九六八。
大濱皓，《老子的哲學》。東京：勁草書房，一九六二。
——，《莊子的哲學》。東京：勁草書房，一九六六。
木村英一，《老子之新研究》。東京：一九五九。
白川靜，《金文之世界》。東京：平凡社，一九七三。
田中勝造，〈神、氣、道、天〉，《東方宗教》，第十二期，一九五七。
加藤常賢，《中國古代的宗教與思想》。東京：哈佛燕京同志社，一九五〇。
竹添光鴻，《左傳會箋》。台北：廣文，一九六一。
安岡正篤，《老莊思想》。東京：福村書店，一九四六。

伊藤道治，〈論卜辭所見之祖靈觀念〉，京都：《東方學報》，第二十六期，一九五六。
——，〈殷以前之家族組織與宗教〉，京都《東方學報》，第三十二期，一九六二。
貝塚茂樹，《中國的歷史》（與伊藤道治合著）。東京：講談社，一九七四。
武內義雄，《老子原始》。東京：一九六七。
——，《老子之研究》。東京：改造社，一九二七。
——，《儒教之精神》。東京：一九八二。
狩野直喜，《中國哲學史》。東京：岩波書店，一九五三。
津田左右吉，《道家之思想及其展開》。《津田左右吉全書》第十三卷，東京：岩波書店，一九六四。
高田眞治，《支那思想之研究》。東京：春秋社，一九四二。
——，《東洋思潮之研究》。東京：春秋社，一九四四。
齋藤晌，《老子》。東京：集英社，一九七九。
森三樹三郎，《自上古至漢代性命觀之展開》。東京：一九七一。
——，《「無」之思想》。東京：講談社，一九六九。
福永光司，《老子》。東京：朝日新聞社，一九六九。
——，《莊子》。東京：朝日新聞社，一九六九。
瀧川龜太郎，《史記會注考證》。東京：東方文化社，一九三二。

英文

Chan, Wing-tsit（陳榮捷）
A Source Book in Chinese Philosophy. Princeton: Univ. Press, 1963.
"The Evolution of the Confucian Concept Jen," *Philosophy East and West (PEW)*, IV, 4, 1995.
The Way of Lao-Tzu. New York: Bobbs-Merrill, 1963.

Chang, Chung-yuan（張鍾元）
"The Concept of Tao in Chinese Culture," *Review of Religion*, XIII, 1953.

Chang, Kwang-chih（張光直）
Early Chinese Civilization. Cambridge: Harvard Univ. Press, 1976.
Shang Civilization. New Haven: Yale Univ. Press, 1980.

Cheng, Chung-ying（成中英）
"Dialectic of confucian Morality and Metaphysics of Man," *PEW*, XXI, 2, 1971.

Ching, Julia（秦家懿）
Confucianism and Christianity. Tokyo: Kōdansha International, 1977.

Chü, Tung-tsu（瞿同祖）
"Chinese Class Structure and Its Ideology," in Fairbank ed; *Chinese Thought and Institutions*. Chicago: The Univ. of Chicago Press, 1957.

Creel, Herrlee G.
Confucius, The Man and The Myth. New York: The John Day, 1949.
"The Origin of the Deity Tien," in *The Origins of Statecraft in China.* Chicago: The Univ. of Chicago Press, 1970.

Cua, Antonio S.（柯雄文）
"Reflections on The Sturcture of Confucian Ethics," *PEW*, XXI, 2, 1971.

De Groot, J.J.M. *Religion in china.* New York: putnam's Sons, 1912.

Dubs, Holmer H. *Hsüntze, The Moulder of Ancient Confucianism*, London: Probsthain, 1927.

The Works of Hsüntze. London: Probsthain, 1928.

"The Archaic Royal Jou Religion," *T'oung Pao*, XLVI, 1958.

"Nature in the Teaching of Confucius," *Journal of the American Oriental Society*, L, 1930.

Dupré, Louis *The Other Dimension.* New York: The Seabury Press, 1979.

Eliade, Mircea. *Images and Symbols.* New York: Sheed and Ward, 1969.

Fang, Thomé(方東美) *Chinese Philosophy: Its Spirit and Its Dovelopment.* Taipei: Linking, 1981.

Fehl, Noah E. *Li: Rites and Propriety in Literature and Life.* Hong Kong: The Chinese Univ. of Hong Kong, 1971.

Finazzo, Giancarlo. *The Principle or T'ien: Essays on Its Theoretical Relevancy in Early Confucian Philosophy.* Taipei: Mei-ya, 1967.

Fingarette, Herbert. *Confucius–the Secular as Sacred.* New York: Harper and Row, 1972.

Fu, Wei-hsun(傅偉勳) "Lao-Tzu's Conception of Tao," *Inquiry*, 16, 1973.

Fung, Yu-lan(馮友蘭) *A History of Chinese Philosophy*. Trans. by Derk Bodde. Princeton: Princeton Univ. Press, 1952.

Girardot, N.J. *Myth and Meaning in Early Taoism.* Berkeley: Univ. of California Press, 1983.

Ho, Ping-ti(何炳棣) *The cradle of the East*. Hong Kong and Chicago: The Chinese Univ. of Hong Kong and The Univ. of Chicago, 1975.

Hsiao, Kung-chuan (蕭公權) *A History of Chinese Political Thought*, Vol. Ⅰ, Trans. by F. W. Mote. Princeton: Princeton Univ. Press, 1979.

Hsu, Tso-yun(許倬雲) *Ancient china in Transition.* Stanford: Stanford Univ. Press, 1965.

Hu, Shih(胡適) "The Concept of Immortality in Chinese," *Harvard Divinity School Bulletin*, 1945-46.

Jaeger, Werner. *Paideia: The Ideals of Greek Culture*, Trans. by Gilbert Highet. New York: Oxford Univ. Press, 1945.

Kaltenmark, Max. *Lao-Tzu and Taoims*, Trans. by Roger Greaves. Stanford: Stanford Univ. Press, 1969.

Karlgren, Bernhard "Legends and Cults in Ancient China," *Bulletin of the Museum of Far Eastern Antiquities*, XVIII 1946.

"On the Authenticity and Nature of the Tso Chuan," Gööteborgs Högskolas *Arsskrift* XXXII, 1926.

Keightley, David N. *Sources of Shang History*. Berkeley: The Univ. California Press 1978.

"The Religious Commitment: Shang Theology and the Genesis of Chinese Political Culture," *History of Religions*, XVII, 3, 4, 1978.

Langer, Susan K. *Philosophy in a New Key*. Cambridge: Harvard Univ. Press, 1978.

Lau, D. C.(劉殿爵) *Confucius: The Analects.* Penguin Classics, 1979.

Lao Tzu: Tao Te Ching. Penguin Classics, 1963.

Mencius. Penguin Classics, 1970.

"Theories of Human Nature in Mencius and Shyuntzyy," *Bulletin of the School of Oriental and African Studies*, XV, 3, 1953.

Legge, James *The Chinese classics*, Vol. I: Confucian Analects, The Great Learning, The Doctrine of the Mean; Vol. III: Shoo King or The Book of Documents; Vol. IV: The She King or The Book of Poetry; Vol. V: The Chún Tséw with the Tso Chuen. Rpt. Hong Kong: Hong Kong Univ. Press, 1960.

The I Ching. New York: Dover, 1963.

The Religions of China. London. 1880.

The Texts of Taoism. New York: Dover, 1962.

Leibniz, Gottfried W. *Discourse on the Natural Theology of the Chinese*, Trans. by H. Rosemont and D.J. Cook. Hawail: The Univ. of Hawaii Press, 1977.

Lin, Yü-Tong(林語堂) *The Wisdom of Lao-Tzu*. New York: The Modern Library, 1948.

Liu, Shu-Hsien(劉述先) "The Religious Import of Confucian Philosophy: Its Traditional Outlook and Contemporary Significance," *PEW*, XXI, 2, 1971.

"The Confucian Approach to the Problem of Transcendence and Immanence," *PEW*, XXII, 1972.

Maspero, Henri. *China in Antiquity,* Trans. by F.A. Kierman. Massachussetts: The Univ. of Mass. Press, 1978.

Morton W. Scott. "The Confucian Concept of Man: The Original Formulation," *PEW*, XXI,1, 1971.

Munro, Donald J. *The Concept of Man in Early China.* Stanford: Stanford Univ. Press, 1969.

Needham, Joseph. *Science and Civilization in China*, II. Cambridge: Cambridge Univ. Press, 1956.

Richards, I.A. *Mencius on The Mind.* London: Kegan Paul, 1932.

Schwartz, Benjamin. "Speculations on the Beginnings of Chinese Thought," *Early China*, 2, 1976.

"Transcendence in Ancient China," *Daedalus*, Spring, 1975.

Shih, Joseph. "Revelation in Chinese Religion," Studia *Missionalia*, 20,'1971.

"The Notions of God in the Ancient Chinese Religion," *Numens*, 16, 1969.

Shryock, J.K. *The Origin and Development of the State Cult of Confucius.* New York: The Century, 1932.

Smith, Huston. *The Religions of Man.* New York: Harper and Row, 1965.

Soothill, W.E. *The Three Religions of China.* London: Oxford Univ. Press, 1929.

Thompson, Laurence G. *Chinese Religion.* Belmont: Wadsworth, 1979.

Tu, Wei-ming(杜維明) *Centrality and Commonality: An Essay on Chungyung*. Hawaii: The Univ. of Hawaii Press, 1976.

"Li as Process of Humanization,"*PEW*, XX, 2, 1972.

"The Greative Tension between Jen and Li." *PEW*, XVIII, 1-2, 1968.

Watson, Burton. *Hsün Tzu: Basic Writings.* New York: Columbia Univ. Press, 1963.

The complete Works of Chuang Tzu. New York: Columbia Univ. Press, 1968.

Webe, Max. *The Religion of China.* New York: The Free Press, 1968.

Welch, Holmes. *Taoism, The Parting of the Way*. Boston: Beacon Press, 1966.

Wilhelm, Helmut. *Change: Eight Lectures on the I Ching*, Trans. by C.F. Baynes. New York: Pantheon, 1980.

Heaven, Earth and Man in the Book of Changes. Seattle: Univ. of Washington Press, 1977.

Wilhelm, Richard. *Lectures on the I Ching*, Tans. by I. Eber. Princeton: Princeton Univ. Press, 1979.

Yü, Ying-Shih(余英時) The "Philosophical Breakthrough" and the Chinese Mind (unpublished paper).

儒道天論發微

2023年4月二版　定價：新臺幣650元

著　　者	傅佩榮
叢書主編	沙淑芬
校　　對	王允河
封面設計	蔡婕岑

出版者	聯經出版事業股份有限公司
地址	新北市汐止區大同路一段369號1樓
叢書主編電話	(02)86925588轉5310
台北聯經書房	台北市新生南路三段94號
電話	(02)23620308
郵政劃撥帳戶第0100559-3號	
郵撥電話	(02)23620308
印刷者	世和印製企業有限公司
總經銷	聯合發行股份有限公司
發行所	新北市新店區寶橋路235巷6弄6號2F
電話	(02)29178022

副總編輯	陳逸華
總編輯	涂豐恩
總經理	陳芝宇
社長	羅國俊
發行人	林載爵

行政院新聞局出版事業登記證局版臺業字第0130號

本書如有缺頁，破損，倒裝請寄回台北聯經書房更換。　ISBN 978-957-08-6889-0 (精裝)
聯經網址 http://www.linkingbooks.com.tw
電子信箱 e-mail:linking@udngroup.com

國家圖書館出版品預行編目資料

儒道天論發微/傅佩榮著．二版．新北市．聯經．
2023.04．328面．14.8×21公分．
ISBN 978-957-08-6889-0（精裝）
[2023年4月二版]

1. CST：儒學 2 CST：天命論

121.2 112004653